Konsten att bli styrd c

Innehåll

Försök till inledning

Boken som här föreligger har förekommit i olika versioner sedan 2017. Den har legat under bearbetning med flera olika namn och ett flertal essäer har införts bara för att avfärdas när jag ansett att de inte håller måttet. Det är en smula sorgligt att se hur få av ens arbeten det är som håller för tidens gång. För när ett arbete ligger under bearbetning under så pass lång tid är det lätt att efter hand se brister i det som man har skrivit. Så att det kan strykas och skickas vidare för lagring i det så kallade runda arkivet. Problemet när man arbetar efter denna rytm är så klart att man aldrig blir färdig med arbetet. I förlängningen är det ingenting som håller. Min uppfattning är att till slut måste man helt enkelt bestämma sig för att publicera.

Konceptet är enkelt. Denna bok består av ett flertal essäer som på ett eller annat sätt innebär läsning av olika filmer, böcker, datorspel, mm, som kan beskrivas som populärkulturella. Här finns egentligen ingen röd tråd, och jag arbetar inte efter någon enhetlig teori, och var och en av essäerna som här förekommer kan utan svårighet läsas som i sin egen rätt. Knytpunkten är att de kan placeras inom ett gemensamt tema: ett studium av populärkultur. Att inte studera exempelvis så kallad högkultur är ett medvetet val. I denna samling behandlar jag ett datorspel som Warcraft III och en superhjälte som Batman. Däremot finns inte en enda essä om den epokgörande poeten Dante Alighieri, eller om den mästerlige pjäsförfattaren Wilhelm Shakespeare.

Anledningen är enkel. Varför göra vad tusen andra redan har gjort? Därmed inte sagt att populärkulturen inte har utforskats, för det skulle inte stämma. Emellertid vågar jag hävda att den inte är riktigt lika exploaterad som vissa andra former av kultur. Det finns fortfarande mycket att upptäcka och det har varit en del av behållningen med att sammanställa denna samling. I någon grad har det varit befriande att kunna skriva någonting där jag inte varit tvungen att kontinuerligt jämföra mig med de betydligt mer meriterade kulturskribenter som utforskat högkulturen. Det är en av fördelarna med att röra sig på ett område som är något mindre befolkat.

Men att undkomma konkurrens är naturligtvis inte den enda anledningen till varför jag valt just detta område. Ett betydligt bättre skäl är att jag har velat närma mig den kultur som står vår tids människor nära. Den marxistiska filosofen Slavoj Zizek sade en gång att den kultur som vi ser på biodukarna inte reflekterar våra begär, den skapar våra begär. Det är ett kraftfullt konstaterande som vill peka på att samtidskulturen är en maktfaktor när det kommer till att forma hur människorna som tar del av den kommer att betrakta både sig själva och sin omvärld.

Min ambition är således enkel: jag vill komma nära den kultur som står människorna nära. Inte den kultur de läser om i historieböcker eller som de plågar sig igenom eftersom någon lärare tvingar dem till det. Jag talar om den kultur som de väljer varje dag när det står dem fritt att göra detta. Den kultur som de har i hjärtat. Det är om denna jag vill säga någonting. Säga någonting som inte framgår vid en första anblick utan som tvärtom uppenbarar sig först när man relaterar innehållet till samhälle och historia. Det är förvånande vad man kan upptäcka i till synes enkla kulturformer när man läser dem med rätt blick och från rätt utgångspunkt.

Denna bok tillägnas mina föräldrar, Carin och Peter, som ett litet tack och tecken på min enorma uppskattning för allt som de har gett mig under åren.

Konsten att bli styrd. Om Den mörka kristallen

Vad bevisar idéernas historia annat än att den andliga produktionen omgestaltas med den materiella produktionen? En tids härskande idéer var alltid bara den härskande klassens idéer.

- Karl Marx, Kommunistiska manifestet

Jag kallar denna essä för "Konsten att bli styrd" och vad den vill diskutera är ingenting mindre än den eviga spänning som skriftställaren Anders Ehnmark kallade samhällets äldsta: konflikten mellan de styrande och de styrda. Till min hjälp väljer jag att diskutera ett kulturellt verk som bättre än något annat jag kan komma på ger en dramatiserad bild av maktens dynamik. Valet är självklart: *Den mörka kristallen*. För någon kanske detta val ter sig märkligt. Den mörka kristallen kan vid en första anblick förefalla något barnslig för ändamålet. Denna serie är trots allt en animerad Netflix-produkt där rollerna gestaltas av dockor.

Här är det emellertid på sin plats att säga att skenet bedrar och att det inte finns någon anledning att låta formatet komma i vägen för det faktum att denna berättelse vill säga någonting väsentligt om makten och hur den upprätthålls. Den vill säga någonting om styrande eliter – hur de formerar sig och identifierar sina intressen – och hur de därefter ser till att genom en blandning av hårda och mjuka metoder upprätthåller sitt styre över massorna som de behärskar. Marxisten Antonio Gramsci sade en gång att makten måste vara som en kentaur, i meningen att den måste vara både människa och odjur för att tjäna sitt syfte.

Makten måste kunna visa ett mänskligt ansikte för att människorna inte ska bli direkt förskräckta av den. Den måste visa att den kan ge dem någonting som de vinner på, visa någonting för dem som de kan lockas av och sympatisera med. Men makten måste också vara fruktansvärd och kunna injaga skräck i de som ska styras. Det går inte att bara styra genom välvilja och goda föresatser, det är en omöjlighet. Thomas Hobbes sade, vis av erfarenheterna från ett föregående inbördeskrig, att staten måste vara som en eldsprutande krokodil för att injaga fruktan och därmed skapa ordning. Niccolo Machiavelli sade någonting liknande när han menade att det är mer användbart för fursten att vara älskad än fruktad.

Det kan därför sägas att makten har många dimensioner. Det är därför det finns anledning att tala om "hård makt" respektive "mjuk makt", där den tidigare står för det fasta och tvingande, och den senare står för manipulation och frivillig lydnad. Ibland brukar man tala om att makten har ansikten, som ett sätt att beskriva att makten är mer mångfacetterad än att vara den tvingande princip som de flesta förmodligen tänker på när de föreställer sig den. Ett sätt att säga någonting om det komplexa i makten är att gå till kulturen. Där finns berättelser som tar sikte på att beskriva dess mekanik. Eller som åtminstone ger oss inspiration när det kommer till att göra detta för vår egen del.

Jag vill påstå att inget enskilt verk gör detta bättre än *Den Mörka Kristallen*. Här finns så mycket användbart stoff att ta av att det är svårt att veta i vilken ände man ska börja. Det väcker intresset att föreställa sig vad upphovsmännen bakom serien hade läst när de skrev dess handling? Det är ju en sak att som utomstående kritik se in i handlingen och utifrån sina egna utgångspunkter tycka sig kunna sammanställa ett mönster. En annan sak är onekligen det som var manusförfattarnas medvetna avsikt med sitt verk, det som de egentligen hade för avsikt att säga.

Jag kan omöjligt veta, men om jag fick gissa skulle jag säga att personerna som skrev handlingen var välbekanta med James Burnham och den tradition av tänkande som går under namnet 'nymachiavellism'. Precis som framgår av namnet är detta ett sätt att betrakta samhälle och politik som utgår från Florens vise man, Machiavelli, och hans under mycket möda framtagna studier om maktens dynamik. Historien jobbar ibland långsamt och Machiavellis verk låg under flera århundraden i träda – eller betraktades i första hand som en så kallad "furstespegel" utan större vetenskapligt värde – innan statsvetaren James Burnham under mitten på 1900-talet genom boken *The Machiavellians* sammanförde denna tendens till ett legitimt betraktelsesätt.

Burnham, som tidigare hade varit marxist, menade att politiken och makten i hög grad studerades utifrån felaktiga utgångspunkter. Det kunde antingen gälla studium som företogs utifrån överdrivet naiva utgångspunkter, och där politiken betraktades som en i grunden välvillig verksamhet där det ibland kunde förekomma olyckor i arbetet. Det kunde också handla om "maktkritik" utifrån ideologiska förtecken. Exempelvis marxistiska sådana, även om de vår långt ifrån det enda, där saken gällde att peka ut sina motståndares fel och brister men samtidigt förtidiga de egna. Burnham sökte någonting annat. Någonting som kunde spegla den hårdkokta verkligheten, utan att förlora målet ur sikte genom naivitet eller ideologiska rökridåer.

Just denna cynism, denna blandning mellan hård och mjuk makt, denna dualitet mellan styrande och styrda, skulle skildras i *Den Mörka Kristallen.* Det är en omöjlighet att veta om dess upphovsmän har läst Burnham eller ens vet vem han är. Sannolikt har de ingen aning. Men det spelar egentligen ingen roll. Det enda som betyder någonting är att denna berättelse är framförd *som om* den nymachiavelliska synen på samhälle och politik är vad de hade velat skildra. Det betyder att man kan förvänta sig en tämligen hårdkokt och cynisk skildring av makten. Men mer exakt vad detta betyder kommer jag att komma in på i denna esräs nästa del.

Två livsåskådningar - och ett pusselproblem

Det finns i denna serie två grupper som spelar huvudrollen i dramat: gelflingar och skeksisar. Problemet beror av att den tidigare gruppen vid någon punkt under sin historia har accepterat att den ska styras enväldigt av den senare. Varför är detta ett problem? Det är ett problem eftersom dessa två grupper inte har någonting gemensamt. Det finns inga gemensamma nämnare vad gäller kultur, syn på livet, uppfattning hur samhället ska styras, eller egentligen något kriterium som borde uppfyllas för att det ska finnas gemensamma beröringspunkter. Kort sagt: dessa grupper delar inte gemensamma intressen. Och om det inte finns gemensamma intressen, hur kan de då dela ett gemensamt öde?

Idén om "intressen" har en lång tradition inom politisk teori. Exempelvis någon som Thomas Hobbes gav detta mystiska koncept en hel del uppmärksamhet. Inom nationalekonomin har det en permanent närvaro. Det tillhör dessa saker som kan förefalla som en självklarhet, men där den som skrapar på ytan kommer bli varse om att detta inte är fallet. Intressen är i själva verket någonting djupt problematiskt och det är egentligen inte svårt att förklara varför. För vad betyder det att någonting ligger i någons "intresse"? Ett enkelt svar är onekligen att det är någonting som är bra för personen, någonting som är gynnsamt. Men hur mäter man egentligen vad som är bra för någon? Inom ramarna för mänsklig handling finns det så många skiftande motiv för handling och målsättningar att frågan i förlängningen blir ytterst komplicerad.

Men låt oss bekanta oss närmare med grupperna som denna essä handlar om: gelflingar och skeksisar. Vad är det för grupper och varför har vi ett problem till att börja med? Handlingen utspelar sig på planeten Thra, som är gelflingarnas urgamla hem. Intressant nog görs det redan från början tydligt att Thra å andra sidan inte är skeksisarnas ursprungliga hem. Skeksisarna beskrivs explicit som "främmande" i förhållande till Thra och som en grupp vilken kommer utifrån men snabbt genom list och manipulation inför sin vilja på grupperna som redan bebor planeten. Thras öde är knutet till en artefakt som kallas 'Sanningens kristall' och som är en sorts fysisk gestaltning av världens hjärta och själ.

Eftersom kristallen är så viktig för den allmänna välfärden så har den en väktare, en varelse som kallas mor Audra. En äldre kvinna som verkar ha fötts gammal och som har som syfte att se till kristallens välbefinnande. Skeksisarna förstår emellertid har mor Audra i sitt hjärta har andra ambitioner än att sitta fast på Thra och vakta en kristall. Med sitt finkorniga sinne för psykologi och manipulation inser de att Audra vill ut i världen och se andra saker. Därför bygger de henne ett observatorium som ger hennes medvetande möjligheten att färdas ut i galaxen, på en till synes evig upptäcktsresa. Med mor Audra ur vägen är det fritt fram för skeksisarna att överta ansvaret för kristallen, och de börjar snabbt kalla sig "kristallens herrar".

Här finns det ett par saker att uppmärksamma, vilka anknyter till samtidens politiska diskussioner. Till att börja med kan det sägas att skeksisarna uttalat beskrivs som att de kommer utifrån, som en främmande grupp som egentligen inte tillhör landet och folket de kommer att behärska. Skeksisarna motsvarar "den andre" som rör sig in mot en främmande grupp och kommer att dominera den fullständigt. Det andra som bör uppmärksammas är att mor Audra, som borde ägna sin uppmärksamhet åt kristallen, genom manipulation lockas iväg på mer spännande aktiviteter vilket lämnas fältet fritt för skeksisarna. Det kanske kan läsas som en kommentar över vad som händer när de inhemska eliterna sviker sitt ansvar?

Gelflingarna kan beskrivas som en kombination mellan alver och små troll. De har vad jag gärna kallar en sund kultur, som emellertid inte är utan sina brister. Gelflingarna ansluter till det som med allt rätt kan kallas det burkeanska samhällskontraktet. Med detta avser jag det särskilda samhällskontrakt som formulerades av den irländska tänkaren och politiken Edmund Burke, också känd som en av konservatismens förgrundsgestalter. Burke formulerade ett samhällskontrakt som, i motsats till sin liberala motsvarighet, inte lägger tonvikten vid relationen mellan staten och individen. I detta kontrakt är det snarast bandet mellan de hädangångna, de nu levande och de efterkommande som står i centrum. Det rör sig således om ett kontrakt vars ansvar och plikter går mellan generationsgränserna och vill beskriva vikten av att förvalta det vi fått av förfäderna, vilket ju i sin tur ska överlämnas till våra barn och barnbarn.

Denna inställning är livsnerven i gelflingarnas kultur och den ger dem en enorm styrka. Den gör det möjligt för dem att gå bortom sin egen individualitet och överkomma sin rädsla för döden. För gelflingarna finns det ingen anledning att vara rädda för att inte längre finnas till, för de vet att det kommer ättlingar som tar deras plats. Detta ger också upphov till en särskild etik som blir bestämmande för hur samhället ska styras. Här hamnar tonvikten på det som man kan hålla hållbarhet. Det finns ett särskilt ansvar att förvalta det som förfäderna har lämnat till de nu levande så att dessa i sin tur kan lämna över det i gott skick till de efterkommande. När denna etik finns på plats, så finns det inget utrymme för att förslösa alla resurser eller förstöra den gemensamma livsmiljön som alla har att förhålla sig till. Inget av detta kan accepteras.

Med en formulering lånad från filosofen Roger Scruton skulle man kunna säga att gelflingarna har en stark relation till "hemmet", där känner sig hemma både i tiden och i rummet. Såväl till den fysiska platsen de bebor till kulturen som de lever och förstår världen igenom. Denna kultur pockar på plikter och skyldigheter, men den ger också en enorm frihet och styrka i meningen att den skapar ett starkt och lyckligt samhälle där de existentiella frågorna är lösta och politiken kan hålla en fast kurs för framtida generationers välgång. Eller åtminstone skulle det kunna vara på detta sätt om inte gelflingarna befann sig under skeksisarnas järnhäl. Skeksisarna är nämligen, som man kan förvänta sig, tyranner som genom olika metoder suger ut gelflingarna och leder dem mot deras gemensamma undergång.

Om gelflingarna är goda burkeaner som ärar ett samhällskontrakt där lojaliteten över generationsgränserna står i centrum, representerar skeksisarna någonting fundamentalt annorlunda än detta. En första sak att notera är att skeksisarna, till skillnad från sina undersåtar, är sterila och därmed inte kan förvänta sig någon avkomma. Där är därför inte ägnat att förvåna att de inte har någon kapacitet att känna med en potentiell kommande generation. Det framgår inte riktigt ur historien exakt hur skeksisarna uppkom till att börja med, men det nämns aldrig uttalat att de skulle ha några fäder ch mödrar. Så inte nog med att det inte finns någon känsla för efterkommande, det finns inte heller ågon vördnad för de som kom innan.

)etta behöver förstås inte innebära någonting dåligt egentligen. Det är trots allt tänkbart att keksisarna, genom olika medel, skulle kunna hantera denna existentiella situation och göra någonting ott av den. Men så är inte fallet. Skeksisarna saknar helt andlighet och de förstår världen genom ett amverk där det enda som premieras är njutning och tillfredställandet av fysiska och materiella begär. Aed en formulering lånad från filosofin skulle man kunna säga att skeksisarnas etik är hedonismen, jutningsetiken, och att denna inställning till världen drivs på av en närmast patologisk girighet som river dem till total gränslöshet. Det finns ingen gräns de inte är beredda att överträda för att illfredsställa sina ha-begär.

Aen inte nog med det: skeksisarna drivs dessutom av en morbid rädsla för döden. Inte heller detta orde vara ägnat att förvåna. Skeksisarna har som bekant ingen andlighet och de kan därför inte göra ig föreställningen om ett efterliv där sakernas tillstånd kan fortsätta. De värderar endast det nateriella, endast den fysiska njutningen, och det förefaller därför som rimligt att de mer än någonting innat skulle frukta det fysiska tillståndets upphävande. Eftersom de dessutom är oförmögna att få fram n avkomma är det dessutom omöjligt för dem att tänka sig någon form av odödlighet eller ortsättning på livet genom sina ättlingar. Den senare inställningen är inte helt otypisk bland oss nänniskor, och den är som bekant närvarande hos gelflingarna, men för skeksisarna lyser den med sin rånvaro.

Skeksisarna har emellertid kommit på en metod för att skjuta upp döden: de dränerar sanningens kristall. Problemet är bara att när de suger energi ur kristallen så suger de samtidigt ut energi ur världen, ur Thra. Kristallen och Thra är en och samma – de reflekterar varandra och det som drabbar den ena kommer att avspeglas i den andra. När handlingen börjar har skeksisarna styrt världen i tusen 'trinn", vilket är tideräkningen som används i serien. Det är oklart hur lång en trinn är eller hur man ska kunna översätta det till vår tideräkning, men klart är att skeksisarna har varit gelflingarnas herrar under väldigt lång tid. Skeksisarna har under lång tid kunnat ägna sig åt att tömma kristallen för att förlänga sina egna liv. De har under lång tid suttit som en parasit på gelflingarna och levt gott på frukterna av deras arbete.

När handlingen börjar är detta emellertid på god väg att förändras. Skeksisernas missbruk av kristallen har börjat få synliga konsekvenser för världen. En farsot som går under namnet förmörkelsen har spridit sig över världen och den förstör allt i sin väg. Detta förtigs helt naturligt av de förhärskande som inte vill kännas vid att deras styre fått fruktansvärda konsekvenser. Skeksiserna är på intet sätt beredda att släppa på strypkopplet över gelflingarna och de är inte heller beredda att backa på sin extravaganta livsstil. Det hela är onekligen bäddat för total katastrof.

Här finns dock en fråga som infinner sig: Varför finner sig gelflingarna i detta? Hur kan det komma sig att denna grupp som består av små sympatisk alv-troll låter sig styras av den främmande gruppen skeksiser? De har absolut ingenting gemensamt. Deras respektive syn på livet är fundamentalt annorlunda. Inte ens till utseendet är de det minsta lika. Skeksiserna ser ut som en amorf blandning mellan gamar och krokodiler. Till och med utseendet borde avskräcka, men så är inte fallet. Istället låter sig gelflingarna bli ledda mot sin egen undergång till synes frivilligt. Hur kan de gå med på detta? Detta är pusselproblemet som vi kommer att utforska.

Den härskande klassen och dess idéer

Denna problematik är på intet sätt ny. Teoretiker har under avsevärd tid grubblat över hur det kan komma sig att människor tillåter sig att acceptera ett ledarskap som i alla avseenden agerar på ett sätt som går emot deras intressen. Ett enkelt svar som snabbt infinner sig är det följande: för att de är tvingade, makten lämnar dem inget val. Så kan det utan tvekan vara och har garanterat så varit i många historiska situationer. Det är ingen svår tankeövning att föreställa sig människor – slavar, livegna, utsugna bönder, exploaterade arbetare, förtryckta folk – som inser sin situation och i sitt inre aldrig ha accepterat det styre som de har över sig ändå måste finna sig i sin situation eftersom de har vapenmakten emot sig. Men så är heller inte alltid fallet och det är definitivt inte fallet i detta avseende.

En intressant omständighet i relationen mellan skeksiserna och gelflingarna är att de tidigare inte har någon egen militär kapacitet. Skeksiserna är få till antalet; de utgörs i själva verket inte av fler än något dussin individer. Den marginella gruppen anförs av den auktoritäre Kejsaren, som vid sin sida som främsta löjtnanter har den sluge Hovmarskalken och den hetlevrade Generalen. Det finns fler skeksiser, som fyller andra funktioner i deras organisation, men dessa är av mindre betydelse och behöver inte nämnas här. Kejsaren, Hovmarskalken och Generalen är emellertid av desto större intresse att överväga. Det finns något symboliskt över deras funktioner och tanken inbjuder sig att uppfinnandet av dem som karaktärer inte är en slump.

För vad är Hovmarskalken och Generalen om inte maktens mjuka respektive hårda ansikte? Hovmarskalken svarar för den mjuka makten. Den makt som i mer praktiska termer innebär propaganda och manipulation och i mer teoretiska termer kan beskrivas som kulturell makt, med andra ord styre genom normer och värderingar. Generalen står för den hårda makten. Den tvingande kraften som innebär vapen och styre genom mindre diskreta tvångsmedel. När den härskande klassen inte längre kan förhandla blir det snabbt läge att dra svärdet ur bältet. Det gamla uttrycket är "giljotinen är kungens sista argument" är inte myntat utan anledning. Och Kejsaren? Han är maktens arketyp, i sin absolut renaste form. Men han behöver de andra för att ha ett, eller två, ansikten att visa för omvärlden.

För skeksiserna är den kulturella makten viktigare än den fysiska. Hovmarskalken är viktigare än Generalen. Det betyder inte att våldsmakten inte finns där om den till äventyrs skulle behövas, men den står inte i centrum. Det är intressant att notera att skeksisernas trupper utgörs av gelflingar. I den mån skeksiserna skulle behöva disciplinera sina undersåtar är det med andra ord andra gelflingar som kommer att stå för våldsutövningen. Men detta är inte nödvändigt. Det framgår under seriens gång just exakt vilket kraftfullt kulturellt ramverk som finns på plats för att legitimera skeksisernas styre, för att få allt som händer och sker att framstå som rätt och riktigt. Alla offer kan göras uthärdliga och alla övergrepp acceptabla när rätt normer och värderingar finns på plats för att ge dem legitimitet.

En term för att beskriva detta är 'hegemoni', vilket myntades av den marxistiske tänkaren Antonio Gramsci, som strävade efter att lösa sitt eget pusselproblem. Gramsci var en dubbelarbetare, på samma gång kulturfilosof och kommunistledare. Han hamnade i fängelse under Mussolini när revolutionen han var med om att leda misslyckades. Det fick honom att grubbla över varför arbetarna inte hade gjort revolution mot det borgerliga styre som inte arbetade i linje med dessas objektiva intressen? Hans reflektioner fick honom att inse betydelsen av mjuk makt, av kulturell makt, av lydnad som är frivillig och inte framtvingad. Hegemoni blev hans term för att ringa in ett system av mjuk makt som underbygger den förhärskande ordningen.

Marxismens kritiska teorier – och sådana finns det gott om – är emellertid i första hand lämpade att beskriva ekonomiska klasser. Inte minst är de framtagna för att skärskåda marxismens fiender, emedan de inte på ett liknande sätt vänds mot den egna maktutövningen. Onekligen kan marxismens kritiska teori till dels låna sig till att beskriva skeksiserna eftersom det i relationen mellan dem och gelflingarna äger rum en betydande ekonomisk exploatering. Den materiella drivkraften finns där, det kan knappast förnekas. Men här finns också mycket annat. Skeksiserna är ju också en främmande etnisk grupp som utan moraliska betänkligheter exploaterar inte bara en annan klass – utan också skapar denna uppdelning efter rasliga linjer. Här finns också en fråga om livsåskådningar, där sätt att betrakta världen står mot varandra.

Det som verkligen krävs här är begrepp som kan se till helheten. Därav betydelsen av James Burnham och nymachiavellismen. Burnham var under sin ungdom bekännande marxist, men lämnade denna för nya intellektuella domäner. Även om han lämnade de grundläggande trossatserna återstod emellertid en känsla för behovet att granska makten med en kritisk snarare än accepterande blick. Vad hade Burnham utifrån sina teoretiska utgångspunkter kunnat säga om detta? Sannolikt hade han uppskattat dualiteten mellan skeksiser och gelflingar. En tydligare uppdelning mellan styrande och styrda går knappast att finna på annat håll. Det är också en av Burnhams fundamentala ingångar till studiet av makten: att makten är evig och att uppdelningen mellan styrande och styrda är lika evig som det mänskliga samhället självt.

Därmed inte sagt att uppdelningen är absolut, för onekligen kan det fluktuera mer exakt vilka individer och grupper som ingår i dessa kategorier. Men även om det inte nödvändigtvis är samma personer som inryms i respektive kategori så kan det ändå sägas att kategorierna består alldeles oavsett. Makten är emellertid sällan eller aldrig ofiltrerad. Den är inte naken, utan föredrar att framträda i en skrud som gör den mer attraktiv. Samhällets dominerande religion har historiskt sett varit av betydelse för att beslöja makten. Exempelvis genom att hävda att de styrande är sanktionerade av en högre makt och att det därför vore förmätet av det enkla folket att lägga in sitt veto. Men detta är inte begränsat till religion och denna karakteristik kan utan vidare sträckas ut till att omfatta också ideologier, filosofier, ramverk av normer och värderingar.

Burnham pratar i Gaetano Moscas efterföljd om ideologier eller, som Mosca föredrog att benämna dem, som 'politisk formula'. Den politiska formulan är ett sätt att förstå världen, ett sätt att filtrera erfarenheter och sätt dem i ett sammanhang. Det som framstår på ett sätt för någon kan framstå på ett annat sätt för någon annan, med en annan förförståelse av samma fenomen.

I politiken är ideologierna dessa redskap för förståelse. Det är genom ideologier som individer och grupper vet vad de vill ha och varför de vill ha det; kan komma fram till vad som är uthärdligt och vad som inte går att stå ut med; får en uppfattning om varför det är rätt att de nuvarande härskarna innehar sin maktställning och de själva befinner sig på de lydandes ände. En något grov sammanfattning kan anlända vid följande tre syften för politiska ideologier:

- o Att skapa en uppfattning om intressen. Vilka är dessa intressen och vad bör göras för att de ska uppnås.
- o Att skapa legitimitet för den existerande ordningen, förklara varför det är rätt att de styrande sitter vid makten. Eller motsatsen, förklara varför det är fel på det nuvarande styret, och varför det är rätt att byta ut det.
- o Att linda in och göra uthärdligt det som annars vore svårt att stå ut med. Det kan gälla de elänen som måste uthärdas för att genomföra en social och politisk revolution. Men det kanske också gälla det mer vardagliga helvetet under en illa fungerande samhällsordning.

Skeksiserna har på ett framgångsrikt sätt implementerat en ideologi med religiösa förtecken som legitimerar deras styre. De har under århundraden aktivt understött en mytbildning om sig själva som är intimt knuten till uppfattningen om att de är kristallens väktare och därmed är förtjänta av särskild respekt och aktning. Det finns flera exempel från serien just på denna frivillighet och hur den gestaltar sig. Exempelvis samlas gelflingar varje år för att avge ett tionde som går till skeksiserna. När förmörkelsen förstört skördarna blir det svårt för somliga att ge. Detta drabbar en gelflingfamilj som dock får "erbjudandet" att istället ge bort en älskad släktklenod. Inledningsvis nekar de till detta och de närvarande skeksiserna spelar sårade och säger lakoniskt att de "inte tar det som inte ges frivilligt". Det slutar med att de får klenoden och de närvarande gelflingarna jublar över generositeten som skeksiserna visar sina undersåtar.

Burnham talar också om någonting som han kallar 'den politiska människan', som avser människan när hon agerar i politiken. Den politiska människan strävar efter makt och är beredd att ingå i samhällets tävlan om denna makt. En jämförelse som ligger nära till hands är föreställningen om 'den ekonomiska människan', som ju är människan när hon agerar på marknaden och har vinst som sitt främsta motiv. Det borde framgå att båda dessa människotyper beskriver den mänskliga erfarenheten inom ett väldigt begränsat område av mänsklig handling.

Hos Burnham finns det något av en förväntan att människor, när de placeras inom ramarna för politiken, ska anta något av en rovdjursskepnad och börja jaga det de vill ha. Inget sådant finns dock hos gelflingarna. Gelflingarna har en egen styrande klass som lyder under skeksiserna och ser till att undersåtarna hålls i schack. Skeksiserna har dessutom uppmuntrat splittring mellan gelflingarnas olika klaner och infört ett system där klanerna rangordnar varandra och upplever sig som bättre än grannen. Det behöver knappast sägas att de enda som gynnas av detta tänkesätt är skeksiserna, som utnyttjar gelflingarnas interna splittring för att upprätthålla sitt styre.

Ett annat sätt att beskriva detta är att skeksiserna har upprättat en 'berättelse' i vilken de själva har getts en roll och gelflingarna en annan. Det är berättelsen som skänker tingen och händelserna ett sammanhang av mening. Den svenske statsvetaren Erik Ringmar använde denna typ av tänkande i sin doktorsavhandling för att beskriva hur identifikationen av intressen utgår från identitet snarare än rationalitet. Jag har sammanfattat detta genom formuleringen: Identitet föregår intressen! Det kan kopplas samman med den tyske filosofen Fichte som sa att den enskilde väljer filosofi utifrån vad hon är för sorts människa. I Ringmars tänkande är det berättelsen som ställer upp ledmotivet för hur de olika aktörerna kommer att se sig själva i ett sammanhang.

Skeksiserna har utvecklat en berättelse med religiösa förtecken. De är kristallens herrar och det är gelflingarnas lott att tjäna dem. Gelflingarna har accepterat denna berättelse och sin roll i den och de förefaller oförmögna att tänka utanför den. De refererar lydigt till skeksiserna som "herrarna" och är genuint tacksamma för att de ser efter kristallen och gelflingarnas välfärd. Inget av detta stämmer, men det spelar mindre roll i sammanhanget. Hur kan man bryta med detta? Det verkar enkelt nog att göra uppror mot ett yttre förtryck: Sätt hårt mot hårt! Men hur utmanar man ett förtryck som bygger på en inre acceptans av ett styre? Det finns sätt och det är dessa som jag kommer att beskriva hädanefter.

Att utmana makten

Skeksisernas makt vilar emellertid på skakig grund. De har gelflingarna i ett fast grepp men det finns andra problem som är på väg att göra sig påminda. Förmörkelsen är ett sådant problem. Den håller på att förtära landet, men skeksiserna och deras knektar inom gelflingeliten har upprättat ett förbud mot att omnämna den. Emellertid slutar inte problemen här. Skeksiserna har missbrukat kristallen till den grad att den inte längre går att dränera; den vägrar att ge ifrån sig någon mer energi. Döden stirrar skeksiserna i vitögat och det gäller att snabbt komma på ett nytt sätt för att kunna föryngra sig själva och klamra sig fast vid livet.

Skeksisen som kallas Forskaren kommer snart nog på ett svar: kristallen kan bli ett medium för att dränera andra livsformer. Det som ligger närmast till hands är att börja dränera undersåtarna, gelflingarna, och det är egentligen där som handlingen börjar. Det är också här som vi kommer möta två fundamentalt olika sätt att utmana hegemonin, den mjuka makten, berättelsen, eller vilken formulering man nu kan tänkas föredra. Vi kommer att möta dessa sätt genom två individuella gelflingar: Rian och Brea. Man kan säga att säga att de står för två olika sätt att utmana den rådande ordningen, men vilka båda kommer med sina egna meriter.

Rian är den första gelflingen vi lär känna i handlingen. Han är soldat, son till en vaktkapten och har under hela sitt liv bott på Kristallslottet, vilket är skeksisernas boning och platsen där de håller hov. Hans lojalitet till skeksiserna är absolut. Han är uppfylld av idéer om plikt och heder och att det är hans uppgift i livet att svara för herrarnas säkerhet. Men Rian har också en lekfull anda och det finns plats för annat i hans bröst. Exempelvis hans flickvän Mira, som också tjänar i slottsvakten. Det är Rian, Mira och deras gemensamma vän som av en slump springer på skeksiserna när de håller på att testa kristallens nya funktion, att dränera en varelse på liv och omvandla det till en annan form. Det slutar med att Mira blir dränerad framför Rians ögon.

För Rian blir detta en omskakande upplevelse som får honom att tvivla på allt som han tycker sig veta om tillvaron. För om herrarna är beredda att göra detta, hur kan de då vara goda? Ligger hans lojalitet hos herrarna eller hos Mira och hans folk? Onekligen stora tankar för en enkel man som tyckte sig veta hur tillvaron skulle vara ordnad. Precis som man kan förvänta sig är svaret på intet sätt givet utan tvärtom sätter det igång processer hos Rian som det kommer ta tid att ordna upp. Men först måste han fly. Skeksiserna skyller Miras försvinnande på honom – för att undandra honom all trovärdighet för det som han bevittnat – och Rian måste därför fly från Kristallslottet.

Till att börja med är skeksiserna förskräckta inför Rians flykt. Han kommer att avslöja sanningen om dem och de kommer att ha ett uppror på halsen. Men Hovmarskalken känner ingen rädsla utan är tvärtom säker på sin sak: de andra gelflingarna kommer inte att tro på Rian. Trots att han är en av dem kommer de välja tryggheten hos den etablerade berättelsen snarare än kaoset hos det intet som uppkommer när den etablerade berättelsen visar sig ohållbar. Hovmarskalken kommenterar detta mycket insiktsfullt med följande ord:

De ska undvika honom. Han ska bli utstött. Vad ska de annars göra? För om de tror på honom så tror de inte på sig själva. Skeksiserna har härskat i tusen trinns och ska härska i tusen tusen till, ända tills den sista stjärnan i skyn slocknar. Gelflingar underkastar sig med böjd rygg och krummad nacke som de alltid har gjort. Gelflingar vill styras. Gelflingar behöver styras. Gelflingar är svaga, gelflingar är små och skeksiserna är för alltid!

Med sitt finkorniga sinne för maktens psykologi inser Hovmarskalken att det inte räcker med att känna missnöje med det förhärskande ordningen. Det är inte tillräckligt att Rian med egna ögon skådat övergrepp på gelflingarna och med trovärdighet kan föra sanningen vidare till sina fränder. Gelflingarnas föreställning om sig själva – deras identitet och självuppfattning – är så sammanbunden med skeksiserna att de i det längsta kommer ta ställning för den gamla ordningen snarare än att revoltera mot den. Det är som Hovmarskalken säger: att misstro skeksiserna är att på samma gång inte tro på sig själva. Gelflingarna har varit under dessas styre under så lång tid att det vore någonting oerhört att inte vara det.

Det kanske kan vara riktigt att säga att Rian står för det empiriska, eller erfarenhetsbaserade, utmanandet av den förhärskande ordningen. Bakom Rians groende misstro finns egentligen inga avancerade resonemang eller liknande. Här finns istället en så omskakande upplevelse av diskrepansen mellan det som berättelsen *säger* och vad den *gör* att han inte kan göra på något annat sätt än att överge den. Detta trots att han saknar alternativ till den och därmed måste finna sig i ett tillstånd av förvirring innan han kan ersätta den med ett nytt tankesystem. Men det finns andra sätt att utmana berättelsen. För detta sätt står Brea, som är en annan huvudperson i *Den Mörka Kristallen*.

Till skillnad från Rian, som är en enkel soldat, är Brea en prinsessa och yngsta dotter till Al-Maudra (motsvarande drottning) för gelflingarnas härskande klan. Brea har intellektet och bildningen som sina huvudområden. Hon tillbringar långa nätter i biblioteket med att läsa böcker om sitt samhälles historia, men framför allt så har hon den kritiska kapaciteten att ställa frågor om materialet som hon tar del av. Frågor är dock inget som uppmuntras i detta sammanhang, snarast motsatsen. När Brea entusiastiskt uttrycker att det finns så mycket som hon vill fråga herrarna, så säger hennes lärare varnande att "herrarna inte gillar frågor".

Anledningen till det är enkel: skeksisernas system är uppbyggt på en bedräglig mytbildning om vilka de är och vilken roll de spelar för Thra och gelflingarna. Mytbildningen säger att de är kristallens väktare och skyddar den. I själva verket utnyttjar de den för att förlänga sina egna liv. Mytbildningen säger att herrarna är generösa och leder gelflingarnas samhälle till välgång. I själva verket utnyttjar de gelflingarna hänsynslöst och dränerar deras samhälle på resurser. I skeksisernas system råder frågeförbud. Vissa frågor ska helt enkelt inte ställas eftersom de inte kan ges ett tillfredställande svar. Sokrates fick svepa en giftbägare för att han "förolämpade Atens gudar" och någonting liknande gäller även här.

Brea är en rationalistisk, sokratisk gestalt. Inför hennes kritiska frågor vacklar skeksisernas bedrägliga system. Men inte heller Brea kan egentligen ge något alternativ till det som hon kritiserar. Även om hennes logiska undersökningar är mer genomtänkta än vad Rians traumatiska erfarenheter kan sägas vara, så står även hon handfallen när det kommer till att erbjuda ett alternativ till det som hon kritiserar. Det finns dessutom ett kompakt motstånd i gelflingsamhället mot förändring. Det kan handla om sådana som gynnats under skeksisernas styre; den härskande klass av gelflingar som lyder direkt under skeksiserna. Sedan finns det sådana som har personliga skäl för att klamra sig fast vid herrarnas styre.

Breas syster, Seladon, är exempel på en sådan karaktär. Seladon är ett intressant exempel på förrädarens psykologi. Hon är den äldsta av Al-Maudras barn och den som står på tur för att ärva tronen. Just därför har hon drillats hårdare än sina syskon och givits mindre personlig frihet och omsorg. Detta har i Seladon ingjutit föreställningen att hon inte är älskad av sin mor och det driver henne istället till att söka hamn hos skeksiserna, som ett kompensationsfenomen. Seladons inblandning kommer bli av kritisk betydelse när vinden börjar vända och Rian och Brea börjar få gehör för sina idéer.

Breas mor, Al-Maudra, är exempel på en karaktär som utifrån konvention och personliga privilegier förleds att acceptera den förhärskande ordningen. Här framstår ett av konservatismens absolut största problem: när den gör tradition av fientliga föreställningar. När Brea kommer med sina kritiska frågor och på allvar börjar arbeta mot skeksisernas välde – bland annat genom att upptäcka saker från gelflingarnas egen historia – försöker hennes mor stoppa henne med argumentet att hon gör våld på gelflingarnas traditioner.

Man kan säga att serieskaparna inför ett *deus ex machina* för att föra handlingen framåt. De har utrustat gelflingarna med en förmåga som de kallar "drömbindning" och som gör att de kan visa varandra sina minnen och upplevelser. Skeksiserna har spridit ett rykte om att Rian är sinnessjuk och att drömbindning skulle föra galenskapen vidare. Men till slut kan de andra gelflingarna – inklusive Rians far som hela sitt liv tjänat skeksiserna som kapten för slottsvakten – inte hålla sig längre, för i grunden vill de tro det bästa om Rian. De drömbinder med honom och genom denna koppling får de se de fruktansvärda scenerna när skeksiserna tömmer Mira på hennes livsväsen och under ondskefulla skratt dricker upp det.

Detta innebär en vändpunkt i handlingen. Gelflingarna finner styrka i antal och ju fler av dem som börjar tro på Rian berättelse, desto lättare blir det för andra att också ansluta till dessa föreställningar om sakernas tillstånd. Här finns onekligen ett drag av vad man kan kalla "massans psykologi" i meningen att det blir lättare att tro på en uppfattning om den delas av många snarare än när den enbart bärs upp av ett fåtal. Det känns onekligen som att serieskaparna har gjort det lätt för sig genom att införa drömbindningen som ett sätt att föra handlingen framåt. Men saker är vad de är och konsekvensen är den samma: sakta men säkert sprider sig en opinion genom landet som manar till fullskaligt uppror mot skeksisernas ordning.

Den som står i vägen för detta är emellertid Seladon. Till och med när hennes mor Al-Maudra inser sanningen och dödas av Generalen för att hon inte längre är lojal kan Seladon gå med på att överge sin lojalitet till herrarna. Skeksiserna är emellertid svekfulla herrar. När Seladon tror sig kunna förhandla med dem om bättre villkor för sitt folk så skrattar de bara och det slutar med att hon fängslas i en källarhåla. Även hon kommer att hamna på den rätta sidan. Det är onekligen en intressant behandling av förrädargestalten. Förrädaren är den som utifrån personliga skäl, som exempelvis trauman eller girighet, förleds att ge sin lojalitet till främlingen snarare än det egna folket.

ågra reflektioner

en Mörka Kristallen är på flera sätt en intressant berättelse. Den är onekligen kontroversiell i
meningen att grundfundamentet i handlingen är att en raslig grupp kommer in i en värld utifrån och
kommer att dominera den fullständigt. Skeksiserna är estetiskt inte det minsta tilltalande; de är tvärtom
fula som stryk. De är inte heller sympatiska. De är giriga, njutningslystna, svekfulla, kortsiktiga och
totalt hänsynslösa. Det finns inget egentligt förmildrande över dem. Ändå lyckas de med att införa sitt
välde över en grupp som inte har någon rationell anledning alls att gå med på att acceptera deras styre.

Detta gör denna serie en stilstudie i ett av maktens problem: hur man förleder folk till att acceptera ett
styre som går emot deras intressen? Skeksiserna styr framför allt med mjuk makt som sin metod.
Genom list och bedrägeri upprättar de en hegemoni som kommer att genomsyra hela samhället. Snart
nog blir lojaliteten till skeksiserna konvention och försvaras av gelflingar med argumentet att det är en
del av deras tradition som måste respekteras.

Centralt här är att samhället genomsyras av en berättelse som ger saker och ting mål och mening och
därför inte kan bortses ifrån. Berättelsen kan attackeras utifrån, genom kritik, genom erfarenheter som
motsäger den, men vid berättelsen slutar ett tomrum av meningslöshet och folk kan därför klamra sig
fast vid den trots att logik såväl som empiri motsäger den. Hovmarskalken har ett fint öga för maktens
psykologi när han säger att "om gelflingarna inte tror på skeksiserna så tror de inte på sig själva".
Gelflingarna har investerat så mycket av sin egen identitet i rollen som skeksisernas undersåtar att de
inte vet med sig vad de ska göra utan dem. Vad väntar utanför berättelsen?

Svaret verkar givet: de måste upptäcka sin egen identitet igen. Detta är också vad de börjar göra så
smått som ett nästa steg. Exempelvis anländer Brea, genom studier i historia, till insikten om att
gelflingklanerna är jämlika och att det inte finns någon anledning för dem att se ner på varandra.
Misstro klanerna emellan är något som skeksiserna uppmuntrat för att spä ut gelflingarnas styrka och
göra dem mer mottagliga för deras eget styre. Ett steg på vägen bort ifrån dessa falska föreställningar
är därmed taget.

Den verkliga revolutionen är när gelflingarna kan överge skeksisernas berättelse och börja tro på sig
själva igen. När de överger identiteten som ställde skeksiserna i centrum, och omfamnar en ny där de
själva står i centrum. Det är när de gör detta som de verkligen kan frigöra sig från skeksisernas grepp
och finna sitt eget öde.

Att ta steget in i avgrunden. Om Arthas Menethil

Den som kämpar mot vidunder, måste se till att han inte själv blir ett vidunder, och när du länge blickar ned i en avgrund, blickar också avgrunden in i dig.

- Friedrich Nietzsche

Det kanske vore för mycket sagt att påstå att ett datorspel kan bygga en handlingslinje på nietzscheanska principer, för det verkar som en något grov överskattning av populärkulturens potential. Ändå har jag svårt att komma ifrån uppfattningen att berättelsen om Arthas Menethil – vilken berättas inom ramarna för datorspelet Warcraft III – åtminstone är berättad som om den byggde på den nietzscheanska principen vilken är återgiven ovan. Till skillnad från många andra av Nietzsche dunkla passager verkar denna tämligen fattbar: den som kämpar mot det onda kan under själva kampen blir så pass påverkad av kampens hårda klimat att han själv till slut hamnar på den onda sidan.

Arthas är prins i kungariket Lordareon; hans far är kungen Terenas och Arthas är också den obestridde arvtagaren till tronen. Terenas personlighet är i linje med arketypen om den gode och vise kungen, snarare än den onde och godtycklige tyrannen. Han förvaltar sitt rike väl och har som första prioritet att alltid ta tillvarata sitt folks intressen. På samma sätt motsvarar Arthas arketypen om den gode prinsen. Med andra ord den typ av prins som från tidig ålder förbereder sig på att bära det ok som kronan innebär. Arthas har från unga år varit med i paladinorden, motsvarande en riddarorden, som försvarar riket och folket mot dess fiender.

Detta är inte helt självklart inom fantasygenren. I George Martins böcker består den härskande klassen både av de bästa och de sämsta. De flesta av böckernas mer högtstående karaktärer tillhör visserligen överklassen, men att tala om en självklar aristokrati, i meningen "styre av de bästa", verkar ändå för mycket sagt. Martin har en författarkollega, Joe Abercrombie, som närmast skriver mer brutala böcker än vad Martin gör. I dennes böcker består den härskande klassen uteslutande av idioter, latmaskar, fegisar, och ett par begåvande men brutala cyniker. Den finns ingen god kung som ser det som sitt främsta uppdrag att företräda sitt folk, och det finns ingen god prins som ägnar ett liv åt att förbereda sig för att axla kronan.

En sådan kung och en sådan prins finns det emellertid i Warcraft III. Detta är en viktig del av handlingen och den som skrivit den här berättelsen etablerar det redan från början. Emellertid etableras det också från början att Arthas har vissa personlighetsdrag som, även om de inte ska beskrivas som dåliga, åtminstone kan tangera det problematiska i fel sammanhang. Exempelvis är han oerhört viljestark och förhållandevis obenägen att ta intryck av och lyssna på de mer visa och eftertänksamma personer som finns i hans omgivning. Arthas har en överordnad, Lord Uther, vilken också är hans mentor och vän som paladin. Uther är den klokare, och mer eftertänksamme av de två, och när Arthas omedelbart vill ta till handling i ett sammanhang är Uther den som kan mana till eftertanke.

Det finns dock en annan tendens i Arthas karaktär som ska betraktas som mer problematisk och vilken kommer att framträda mer konturskarpt i takt med att handlingen går framåt. Det handlar om en "ändamålen helgar medlen"-attityd. Det borde inte vara något större problem i det här sammanhanget eftersom Arthas främsta ändamål i sin roll som prins och krigare är att vara sitt folks svärd och sköld. I de tidigare uppdragen som spelaren genomför med Arthas får man styra honom när han dödar banditer som har terroriserat lokalbefolkningen. I ett annat uppdrag får man bekämpa orcher som har attackerat ett område för att plundra och kidnappa människor med syftet att använda dem som slavar.

Striderna med orcher och banditer är emellertid bara förberedelser inför det verkliga uppdraget, vilket snart uppdagar sig vara att undersöka en mystisk pest som sprider sig genom landet. De som faller ner och dör från pesten reser sig därefter som odöda krigare. Det är inledningsvis okänt till vem de odödas lojalitet tillkommer, men de attackerar de människor som ännu är i livet. Det kommer därefter till Arthas kännedom att pesten sprids av en kult, vilken leds av nekromantikern Kel'Thuzad och att den aktivt sprider pesten med syftet att underminera Lordareon.

Nekromantiken och föreställningen om någon sorts tillvaro som fortsätter även efter döden är ett vanligt tema inom fantasygenren. Det handlar i så fall ofta om någon missanpassad trollkarl, som inte förmår att förhålla sig till de regler som gäller inom trollkarlssfären, vilken söker att utöka sin makt och höja sin kapacitet till nya nivåer.

Den som försöker böja döden för sin vilja kallas på engelska för "necromancer", vilket på svenska kan ges den klumpiga översättningen "nekromantiker". Denne är vanligtvis – för jag vill inte skiva alltid – en trollkarl som har gått för långt i sin strävan efter makt och kunskap. Det hör också till saken att denne vanligtvis, för jag vill återigen inte skriva alltid, fördöms av sina forna kollegor, vilka anser att denne har gått för långt och överträtt någon form av gräns i sin strävan. Det kanske har att göra med att de döda bokstavligt talat saknar egen vilja och att de istället har uppfyllts med nekromantikerns vilja i brist på en egen. Att bryta mot griftefriden genom att ersätta de dödas vilja med sin egen verkar som en överträdelse också inom fantasyn.

De senaste åren har det blivit populärt med film och tv-serier som handlar om zombier. Det typiska är att civilisationen har genomgått en total och omvälvande kollaps och i samband med katastrofen har någonting aktiverats som gör att föregivet viljefulla människor reduceras till viljelösa zombier. När berättelsen om zombien framträder i film och tv saknas vanligtvis den magiska dimensionen och zombifieringen kan istället sägas bero på någon "naturlig orsak", exempelvis ett virus eller någon form av biologisk/kemisk katastrof. I dessa berättelser, och tv-serien the Walking Dead är det kanske bästa exemplet, är zombierna bara kroppar som lyder sina impulser, vilket i det här fallet innebär en hunger som gör att de alltid försöker att förtära människokött.

The Walking Dead är en underhållande tv-serie, men det fattas onekligen någonting till formatet när neoromantikern saknas i handlingen. För dennes frånvaro innebär att zombierna saknar ett syfte och de kan därför aldrig företa sig någonting intelligent eller meningsfullt. De kan aldrig utgöra det äkta hotet i handlingen och precis av den anledningen är zombierna i the Walking Dead bara en bisak i handlingen – de äkta fienderna är alltid andra människor. På ett sätt kan zombierna ses som en kommentar till den så kallade massmänniskan, alltså den människotyp som enligt pessimistiska kulturkritiker saknar ett upphöjt syfte och därmed bara anses gå efter sina impulser.

Massmänniskan brukar ofta kopplas samman med en kritik av kapitalismen och konsumtionssamhället, vilket av somliga anses vara en logisk konsekvens av den sagda kapitalismen. Jag tror inte riktigt att det är så enkelt och att analogin om den anarkistiska zombien kan ringa in samtidsmänniskan på ett passande sätt. Människor är alldeles för komplicerade för att kunna jämföras med en varelse som inte har någon annan funktion än att förtära levande kött. Det kanske låter som en överskattning av människan, men det verkar på något sätt onödigt futtigt att den mänskliga existensen skulle vara jämförbar med en zombie som inte har något annat syfte än att tillfredsställa sin hunger.

Införandet av nekromantikern i sammanhanget ger det hela en mer kvalitativ dimension: för denne kan alltid sägas ha någon form av upphöjt syfte med sina handlingar. Nekromantikern eftersträvar makt, erkännande från kollegor, eller kanske hämnd på de som inte gav detta erkännande, men kanske mest troligt tjänar nekromantikern en mästare som står ännu högre i rang. Det som gör det hela så frånstötande - än mer så än vad gäller den anarkistiska zombien - är att nekromantikern har trängt undan sina undersåtars vilja och ersatt den med sin egen. De odöda som står under dennes kontroll kan vid en första anblick förfalla hjärndöda, men bakom denna fernissa finns det en oerhört stark vilja som driver deras kroppar för sin ambitions skull.

Det finns en koppling här som låter sig göras. Det handlar om när människor låter sin egen vilja vika undan till förmån för någon annans. Exempelvis när människor bortser från sina egna intressen för att istället tjäna någon annans. På den punkten kan verkliga människor jämföras med odöda: inte i meningen att de bara drivs av de mest grundläggande impulserna, utan snarare för att deras egen vilja har dött och någon annans fyller tomrummet. Detta är vad Arthas och hans soldater upptäcker när de reser genom landet i jakt på den mystiska kulten. Jag tror också det är därför som hans vrede väcks på ett sätt som den inte gjorde när han bekämpade banditerna och orcherna.

I detta fall handlar det om hur hans egna landsmän först har bragts om livet, för att därefter komma tillbaka från de döda men med lojalitet till nationens främsta fiende. De har blivit en del av fiendestyrkan och fortsätter dennes förvärv med att ytterligare skada nationen och dräpa ännu fler ur befolkningen. Det rör sig med andra ord om ett dubbelt brott.

Till slut står Arthas öga mot öga med mannen bakom kulten: en nekromantiker med namnet Kel'Thuzad. Thuzad var under sitt tidigare liv en beryktad trollkarl, men som föll offer för sin egen stolthet och äregirighet och började experimentera med förbjudna läror. Hans ambition förde honom till mörka platser och det slutade med att han blev en undersåte till "the Lich King", det mystiska väsen som verkligen står bakom de odödas invasion av Lordareon. Men det kommer dröja innan det kommer till vår kännedom just hur omfattande konspirationen mot Lordareon kan sägas vara, och hur många lager den består av.

Kel'Thuzad hinner avslöja så mycket som att han arbetar för demonen Mal'Ganis, apropå det jag skrev ovan att en nekromantiker, bortsett från att tjäna sin egen ambition, nära nog alltid svarar inför ett väsen som befinner sig högre upp i hierarkin. Arthas dräper Thuzad nästan omedelbart och tar därefter sikte på Mal'Ganis. Det är också efter dödandet av Thuzad som vi kan börja notera något av en vändning i Arthas personlighet. En vändning som manifesterar sig efter att Arthas och hans soldater har varit under belägring och nära nog strukit med på kuppen. I sista stund har emellertid Uther och hans män hunnit fram till platsen och kan häva belägringen. Uther kommenterar att de inte hade klarat sig länge till och Arthas får ett raseriutbrott på honom. Det är en signal om att tonen i handlingen har skiftat till det mörkare.

I nästa kapitel av berättelsen förmörkas handlingen ytterligare och vi får en försmak om hur Arthas har förändrats i kampen mot Mal'Ganis och de odöda. Kapitlet heter "The Culling of Stratholme" och tar sin utgångspunkt i att Arthas och hans soldater upptäcker att ett parti besmittat vete har gått iväg med Stratholme som destination. Det innebär att invånarna i staden har blivit utsatta för pestsmittan och därmed kan förväntas att avlida för att sedan resa sig som odöda och lojala till Mal'Ganis. Arthas fattar det drastiska beslutet om att samtliga invånare i staden måste dödas i ett preventivt syfte, för att detta scenario ska kunna undvikas.

När Arthas beordrar Uther att hjälpa honom i detta uppdrag så vägrar han; i vredesmod anklagar Arthas Uther för förräderi och upplöser paladinorden. De skiljs som ovänner när Uther rider iväg för att söka kontakt med Arthas far, kung Terenas. I början av handlingen hade de båda ett respektfullt vänskapsförhållande till varandra, med Uther som mentorn, och Arthas som lärjungen. Konflikten har emellertid slagit en kil dem emellan då Uther inte kan acceptera Arthas drastiska metoder. Beredvilligheten att ta till så drastiska metoder, utan att ens överväga andra alternativ, visar på någonting destruktivt i Arthas personlighet som kommer att föra honom in i avgrunden.

I Stratholme införs också ett nytt drag i handlingen: rivaliteten. Tidigare har Arthas drivit konflikten mot kulten som helhet. Han har försökt att motverka dess attack på hans land och folk och han har gått långt i sitt försök. Här blir det dock personligt på ett annat sätt. Arthas hat riktas nu mot Mal'Ganis personligen och det blir fråga om rivalitet mellan de två. För Arthas blir det en fråga om att utkräva vedergällning på Mal'Ganis för dennes brott mot hans folk.

När striden i Stratholme är över, och dess invånare har fallit för Arthas svärd, så står han ansikte mot ansikte med Mal'Ganis och kräver att det hela ska avgöras i en duell mellan de två. Mal'Ganis hånflinar bara åt Arthas förslag och säger istället att Arthas kan följa honom till Northrend – en isbelagd kontinent vilken bara kan beskrivas som ett fruset helvete – och att rivaliteten mellan de två kan avgöras där och då. Jag tar med denna essä tagit sikte på att beskriva och analysera Arthas resa mot avgrunden och vid denna punkt så har han tagit steget in i den. Arthas är inte längre den gode, om än något viljestarke och hetlevrade prinsen, som utan att tveka försvarade sina undersåtar mot banditer och plundrande orcher. Han är inte ens prinsen som med rättfärdig vrede tog kampen mot en kult som aktivt konspirerade för att underminera hans land: han har skiftat till en annan karaktär. Hans drivs nu av det jag kallar för "hämndens rus".

När Mal'Ganis försvinner framför Arthas ögon så skriker Arthas i frustration och han är beredd att följa honom till världens ände, vilket också är vad Arthas gör. I nästa kapitel av handlingen har en månad gått och Arthas har, tillsammans med sina soldater, färdats över havet och anlänt vid det frusna helvetet Northrend. Det första som berättaren vill göra för spelaren är att skapa en bild av Arthas beslutsamhet; att han är så fokuserad vid målet att han inte längre berörs av yttre omständigheter. När de kalla vindarna blåser, så står Arthas till synes oberörd och blickar ut över havet. En av hans kaptener kommer fram och säger, "the wind cut's through the bones m'lord but you're barely even shaking", på vilket Arthas inte svarar utan istället frågar hur det går för dem i deras ansträngning att etablera sin bas.

Nästa sak som händer är att Arthas träffar på sin gamle vän Muradin Bronzebeard; framstående adelsman av dvärgriket. Muradin tror först att Arthas och hans trupper är där för att undsätta honom och han känner inledningsvis inte till vad som har hänt i Lordareon, eller Arthas besatthet av att utkräva hämnd på Mal'Ganis. Muradin känner inte till att den Arthas som han står ansikte mot ansikte med på Northrend inte är den Arthas som han lärde känna under sin ungdom. Han vet inte att det som nu driver Arthas är hämndens rus och att det verkligt kloka att göra vore att låna ett av Arthas skepp och segla iväg utan att blicka bakåt. Istället lovar han att hjälpa Arthas i hans uppdrag.

Nästa kapitel blir det mörkaste hitintills i handlingen; det är mörkare än slakten i Stratholme, men ändå inte lika mörkt som det vilket kommer att följa. En budbärare anländer med nyheten om att kung Terenas har beordrat att expeditionen ska dras tillbaka och att soldaterna ska packa ihop sina saker och återvända till Lordareon. Arthas svär för sig själv och tänker i sitt stilla sinne att detta beror på Uther och att det är hans fel. Här är det värt att stanna upp och reflektera över att sakernas tillstånd har förändrats på en formalistisk nivå. Arthas har alltid, så långt det är möjligt för en härskare att vara en sådan, alltid strävat efter att vara sitt folks tjänare. Han har tjänat staten Lordareon, arbetat i dess intresse, och i detta lytt sin far och kung.

Ordern om att expeditionen ska dras tillbaka reflekterar det faktum att Arthas inte längre har kungens förtroende, och att denna inte längre verkar betrakta hotet från Mal'Ganis och kulten som någonting att ta på allvar längre. Åtminstone är det inte så allvarligt att det motiverar att arvtagaren till kungariket, samt delar av dess väpnade styrkor, ska befinna sig på Northrend i syftet att försöka bekämpa detta hot. Arthas går naturligtvis inte sin far till viljes. Istället lyckas han övertyga Muradin och några av dennes soldater att de ska hyra in legoknektar, färdas via omväg till hamnen där de har härens skepp, och bränna dessa så att soldaterna rent fysiskt inte kan ta sig hem.

Det finns ett uttryck, vilket ofta används i vissa typer av filmer, och heter "going rogue". Dess andemening är att en agent som tidigare var lojal till en stat eller organisation har deserterat och ska betraktas som fristående. Detta har påfallande ofta att göra med att agenten och organisationen i grunden delar en målsättning, men att de inte kan komma överens angående hur långt de ska gå för att uppfylla denna. Det är agenten som vill gå längre än organisationen. Vi har tidigare sätt hur Arthas har skiftat; hans vilja att försvara sitt folk har blivit underordnad hans vilja att utkräva hämnd på Mal'Ganis. I och med detta deserterar han nu på allvar: prinsen, arvingen till tronen, kan inte längre betraktas som en aktör knuten till kungariket.

Som om inte detta vore illa nog förråder Arthas också legosoldaterna som kämpade för honom: han skyller brännandet av skeppet på dem och hans soldater från Lordareon attackerar och dödar dem i rent ursinne. Med skeppen brända finns det ingen återvändo och Arthas kan nu enkelt övertyga sina reguljära trupper om att de ska stanna kvar och fullfölja uppdraget. Den enda som förhåller sig skeptisk är Muradin. Han börjar någonstans bli varse om att Arthas har skiftat karaktär; att den Arthas som han kände och växte upp med inte är den Arthas som han nu kämpar tillsammans med på Northrend. I en dialog säger Muradin det följande:

You lied to your men and betrayed the mercenaries who fought for you. What's happening to you, Arthas? Is vengeance all that's important to you?

På vilket Arthas svarar:

Spare me Muradin, you weren't there to see what Mal'Ganis did to my homeland.

Arthas har offrat sin heder: han har ljugit för sina män och han förrådde de legosoldater som kämpade sida vid sida med honom. Det är givetvis fortfarande fallet att Arthas kämpar för sitt fosterland, det går att utläsa från denna dialog. Men det verkligt viktiga nu är hämnden; hämnden som någonting personligt vilket ursäktar varje handling och gör att varje överträdelse som begås för att uppfylla den kan rättfärdigas. Detta är någonting annat än att höja sitt svärd till försvar för folk och fosterland. Det är att låta sig uppfyllas och drivas på av någonting mörkt och destruktivt, vilket blir en löpeld som kommer att bränna ner det som man vill försvara.

I nästa kapitel av handlingen är Arthas och Muradin omringade. Muradin har emellertid tidigare nämnt att det finns ett svärd, ett magiskt svärd, som eventuellt kan vara till hjälp. Arthas ber nu Muradin om hjälp med att lokalisera svärdet för att vända stridslyckan. Muradin är återigen tveksam, men går ännu en gång med på att hjälpa Arthas. Det ska visa sig vara hans största och sista misstag. Efter att ha kämpat sig igenom Northrends vildmark så anländer Arthas, Muradin och deras trupper till platsen där svärdet vilar. Där ställs de ansikte mot ansikte med svärdets väktare. Väktarna har en lite annorlunda retorik än vad spelaren förväntar sig. De vädjar till Arthas och hans följe att de ska vända om.

Det gör de så klart inte. När väktarna ligger döende för Arthas fötter så vädjar de till honom att han ska vända om. Arthas kommenterar att de försöker skydda svärdet även in i döden. Väktarens svar är att motsatsen gäller: de skyddar Arthas från svärdet. Därefter går Muradin fram till skrinet där svärdet vilar och ser att där finns en inskription, som lyder enligt följande:

Whomsoever takes up this blade shall wield power eternal. Just as the blade rends flesh, so must power scar the spirit.

Svärdet är förbannat. Trots detta tar Arthas upp svärdet och när han lägger sin hand på svärdet, så exploderar isen som omsluter det och dödar Muradin. Arthas verkar inte ens lägga märke till att hans gamle vän dör framför hans ögon. Hela scenen är egentligen väldigt symbolisk. Det går att jämföra med den gamla sagan om kung Arthur; där Arthur drar svärdet ur stenen eftersom han är den rättmätige arvtagaren till kronan. För Arthas gäller motsatsen, han avsäger sig sin krona när han drar svärdet ur isen. Han visar att han har blivit så besatt av att hämnas på Mal'Ganis att ingenting längre är viktigt: äran, hedern, vänskapen och lojaliteten till folket. Inget av detta är längre av betydelse.

Inskriptionen är också intressant, särskilt om man översätter den till svenska: precis som klingan skär genom kött, så måste makten ärra själen. Det är ett poetiskt sätt att säga att makten korrumperar och att det inte går att inneha obegränsad makt utan att samtidigt förstöra någonting i sig själv. Detta är också t sista kapitlet i just denna saga. Arthas använder svärdet för att hämnas på Mal'Ganis och han slår n klinga genom hans kött efter att ha besegrat hans trupper. Det visar sig att the Lich King talar till rthas genom svärdet och att Arthas nu blivit dennes främste tjänare. Så det finns en enorm ironi i nna berättelse: Arthas offrar allt för att bekämpa the Lich King och hans odöda, men det slutar med t han blir dennes tjänare och förstör allt han en gång älskade i dennes namn.

erättelsen om Arthas är en tragisk berättelse. Den är en tragisk berättelse eftersom den handlar om änskligt lidande i meningen att Arthas livsbana följer ett mönster där han börjar med de bästa av /sikter: att försvara sitt land och folk. Därefter slukas han av sitt enorma hämndbegär mot den som gått sådana brott mot hans land och folk. För att därefter själv sluta som förstöraren, den som förstör ntionen han en gång var fast besluten att försvara. På den punkten är det intressant att notera att erättelsen om Arthas är som skräddarsydd efter den nietzscheanska principen om att den som stirrar i avgrunden ska se upp så att inte avgrunden stirrar tillbaka in i honom. Det som är involverad i en åldsam kamp mot det onda ska se upp så att inte kampen omvandlar honom till att själv bli en åldsam och ond person.

ag tycker alltid det är intressant när man kan hitta spår, om än aldrig så små, av högre principer inom en samtida populärkulturen. Tyvärr verkar det nästan alltid vara fallet, att varje gång man kan hitta essa små korn av mer utvecklad kultur i ett verk, så hittar den som gett ut verket ett sätt att spä ut em ytterligare. Det finns därför ingen anledning att göra sig några föreställningar om att opulärkulturen utan förevändningar kan utgöra en bärare av högre principer. Just därför blir det mellertid av betydelse att lyfta fram dessa principer när de väl går att sätta fingret på, vilket är fallet är det gäller den här berättelsen. Berättelsen om Arthas verkar närmast skräddarsydd för att örkroppsliga den nietzscheanska principen vilken är citerad ovan.

)et finns emellertid andra teman i denna berättelse som också kan betraktas som otidsenliga, och ärför förtjänar att lyftas fram. Det handlar framför allt om nationalismen. Denna berättelse är enomsyrad av nationalism. Det framgår hela tiden att Arthas kämpar för sitt land och folk; att hans ögsta princip som prins och riddare är att vara dessas beskyddare. Det är också intressant att notera tt detta är någonting man som spelare aldrig kommer på tanken att ifrågasätta. Det verkar snarast vara linje med det sunda förnuftet att en prins och riddare självklart har som högsta princip att försvara sitt and och folk. Och varför inte? Det är en sund princip att de styrande i ett land har som högsta princip tt de ska försvara människorna som de är satta att leda.

Jär jag som barn spelade Warcraft III slog det aldrig att spelet var anslutet till vad man, med en kademisk formulering, skulle kunna kalla en nationalistisk diskurs. Handlingen sker inom en nramning där fosterlandet och folket ska försvaras av en ung ädling, arvtagare till kronan, som pringer runt med en enorm stridshammare och slår ihjäl de som hotar land och folk. Det kan lessutom noteras att Lordareon är en vit nation; dess invånare är européer och det förekommer inte ågra människor från andra raser. Att försvara land och folk – och dessutom låta berättelsen följa ett arrativ där dessa storheter är utsatta för ett yttre hot – skulle av många samtida bedömare betraktas om ett reaktionärt och problematiskt synsätt.

)en verkliga betydelsen av denna berättelse är emellertid ändå skildringen av hur en genuint god erson marscherar in i avgrunden. Och det sker eftersom han låter sig uppslukas av kampen mot onda, blir uppfylld av hämndens rus, och i sitt rus förstör han precis allt det som han en gång älskade. Den om vill se en nietzscheansk princip omsatt i ett populärkulturellt sammanhang kan med fördel spela Warcraft III och ta del av berättelsen om Arthas Menethil.

Kulturkonflikter. Om Dragon Age

Dragon Age: Origins är RPG-spel som släpptes under 2009. Spelet var ett ambitiöst försök från utvecklaren Bioware att konstruera en helt egen spelvärld och inte, vilket man tidigare hade gjort, förlita sig på den värld som tillhör Dungeons and Dragons-mytologin. Bioware är kända för välproducerade spel som Baldurs Gate och Neverwinter Nights, men dessa byggde på koncept hämtade från D&D och det var detta man ville komma ifrån. När den första upplagan av DA släpptes byggde spelupplevelsen följaktligen på en egenkomponerad värld; en värld där allt från historien, magisystemet, de religiösa erfarenheterna, drakarna och demonerna, utgick från Bioware allena.

Det var ett synnerligen imponerande projekt. Att spela DA kändes närmast som att läsa en synnerligen genomtänkt fantasybok. Betydligt mer så än att spela ett datorspel. Det kan sägas att Bioware alltid – eller åtminstone till det att de togs upp i spelconcernen EA – var orienterade mot att alltid prioritera djupet i handlingen, snarare än att bygga upp stora spelvärldar. De arbetar med andra ord på motsatt sätt än vad Betsheda, vilka utvecklat Skyrim, kan sägas göra. Det senare företaget prioriterar att skapa enorma världar, i vilka spelaren kan röra sig förhållandevis fritt och ta sig an många och skiftande uppdrag, men det är en prioritering där bredd premieras framför djup.

Fantasy är en genre av skiftande kvalité. När den är som sämst blir det en fråga om att lyfta fram de enkla och ointressanta koncept som med lätthet kan säljas in i den samtida masskulturen. Det blir en fråga om hur mänskliga världar invaderas av onda demoner, eller en arg drake, eller någon annan antagonist som saknar ett syfte som går att relatera till. Denna ska i dessa fall slås tillbaka av en lika endimensionell hjälte. En hjälte som vanligtvis saknas den mångfald av karaktärsdrag som en människa behöver för att bli människa: alltså delar av både det goda och det onda.

Gott kontra ont är kanske matnyttigt för den yngre publiken, men för den lite äldre fodras en mer komplex och utvecklad handling. Det var en sådan handling som DA, åtminstone till stor del, kunde erbjuda spelaren. Naturligtvis fanns det också handlingslinjer som var endimensionella i sin enkelhet, vilka det handla om drakar och demoner. Men detta störde inte, så länge det fungerade som ett komplement till en handling som kunde sägas vara mer komplex och tankeväckande. Och DA kunde tveklöst erbjuda spelaren berättelser som kunde sägas tillhöra den senare kategorin.

Det är intressant att notera att handlingen i DA utmärkts av att hela samhället präglades av konflikter mellan olika grupper som kan sägas tillhöra samhället. Detta är en viktig poäng att göra. För inom fantasyn är det inte helt otypiskt att det är det yttre hotet som utgör fiende; draken, demonerna, monstren, barbarerna, eller vad det nu kan tänkas vara. Och för all del, ett sådant yttre hot finns också DA: Darkspawn. Dessa är en sorts svårdefinierade varelser. Det bästa som kan sägas för att ringa in dem är att de representerar degenererade versioner av andra varelser – människor, alver, dvärgar och qunari – vilka återfinnes i Thedas, världen där allting utspelar sig, och att kampen således ändå i någon mening blir en inre sådan. Det finns fler argument för denna tolkning och jag ska återkomma till den senare i texten.

En av de viktigaste konfliktlinjerna i DA-världen går mellan religionen och magin: operationaliserat i form av the Chantry och the Circle of Magi. Den tidigare är, på ett teologiskt plan, en tolkning av kristendomen och, på ett organisatoriskt plan, en tolkning av Katolska kyrkan. Den senare är en sammanslutning av magiker, vilken står helt och hållet under Chantrys kontroll, men utgör ändå ett försök att företräda magiutövarnas intressen. Manusförfattarna har gjort en imponerande ansats att skapa en kyrkohistoria samt en teologi som ramar in handlingen och lägger grunden för en av de mest genomgående konfliktlinjerna i handlingen. Det hela är en konflikt som påminner om den spänning som under lång tid fanns mellan kyrkan och filosofin samt vetenskapen, åtminstone till det att kyrkan helt och hållet kapitulerade inför moderniteten.

The Chantry i DA har emellertid inte genomfört någon sådan kapitulation, den inför tvärtom sina normer och förväntningar på resten av samhället med en obrydd maktvilja. Chantry lär ut en skapelseberättelse som är uppenbart baserad på den kristna. I denna berättelse skapades världen av en absolut gudom som går under namnet the Maker, alltså skaparen, en Gud som inte tillåter några andra gudar vid sidan om sig själv och därmed står för en skarpt monoteistisk världsbild. The Chantry står för den traditionella kristna och distinkt katolska intoleransen i meningen att man inte tolererar andra religioner, vilka döms ut som falska. Inte heller tolererar man alternativa tolkningar av den egna läran; det är den som utgår från centralorganisationen som gäller och avvikare döms ut som kättare vilka bestraffas hårt.

Det finns fler beröringspunkter mellan the Chantry och kristendomen. En av dessa beröringspunkter är den historiska, alltså hur religionen uppkom till att börja med. I DA uppkommer tron inom ramarna för ett urgammalt rike som kallas Tevinter Imperium, vilket på flera sätt är uppbyggt med det romerska riket som inspirationskälla. I detta rike är magin den drivande kraften och magikerna utgör den härskande klassen. Det andliga livet är mer eller mindre obefintligt och en from kristen hade utan förbehåll kunnat säga att det är gudlöst. Min slutsats är att det är tänkt att efterlikna det romerska under dess sista dagar: andlig förvirrat och med en hänsynslös överklass som utan sympati styr över en lika förfallen underklass.

Det är under dessa krassa omständigheter som profeten Andraste reser sig som fågel Fenix ur askan och kommer fram för att ställa allting till rätta. Andraste kan med viss rätt sägas vara en kristusgestalt, men utan att för den sakens skull vara en del av guds essens. Istället är hon the Makers utvalda, hans brud, och den som ska verkställa hans vilja i den fysiska världen. Hon går till storms mot Tevinter Imperium, med hjälp av en armé av barbarer hämtade från norr, men dukar under på grund av ett förräderi som inte är helt olikt det som Judas utsatte Jesus för. I detta fall var det Andrastes man, barbarledaren Maferath, som i ett infall av avundsjuka sålde ut sin hustru till hennes fiender, magikerna.

The Maker skapade, liksom Gud i den kristna skapelseberättelsen, en perfekt värld i vilken ingen ondska existerar. Men i likhet med den bibliska berättelsen så var människorna oförmögna att hantera denna perfektion och de åstadkom en händelse som liknar syndafallet; de inför djup ondska i den perfekta världen. Och de gjorde detta genom magi, genom sitt begär efter absolut kunskap, och sin vilja till makt. Det handlade om magiker som försökte ta sig till den yttre värld där the Maker sägs vara, vilket inte är acceptabelt för människor. De slungades ut och som bestraffning blev dessa magiker de första darkspawn; dessa korrumperade varelser som under många år framöver kommer att plåga världen med sin närvaro. Avskyn mot magin och dess utövare är inom denna religion både historiskt och teologiskt grundad.

The Chantry betraktar därmed, och inte utan viss rätt, magin som roten till det onda i världen och de gör allt för att undertrycka magin och dess utövare. De håller ständigt sin järnhäl över the Circle of Magi och använder den som ett redskap för att kontrollera magikerna. De magiker som avviker från Chantrys välmenande kontroll märks som avfällingar och the Chantry har egna soldater, kallade templars, som effektivt jagar ned och dödar avfällingarna. Konflikten mellan dessa två spänningspoler är med andra ord djupt förankrad i Thedas historia och vid sidan om det ständiga hotet från Darkspawn utgör den en viktig handlingslinje.

Det finns en sak som förtjänar att kommenteras i sammanhanget: att berättelsen som är återgiven ovan, Chantrys förklaring om hur Darkspawn uppkom, är just denna institutions version om hur saker och ting utspelade sig. Det finns ingen som säkert kan säga att det verkligen förhåller sig på det sättet. Det är inte helt otänkbart att detta är en historia som the Chantry berättar för att rättfärdiga den sociala kontroll som den utövar gentemot magikerna. Magin är nämligen farlig, dynamisk, och kapabel till både underverk och stor förstörelse. Magikerna är ett potentiellt hot mot the Chantrys makt och att formulera en berättelse där de står som upphovsmän för ondskan i världen är ett effektivt sätt att störa ut och neutralisera en farlig konkurrent.

Det kan låta som en märklig ståndpunkt, men inom fantasyn är magin ekvivalent med teknik och vetenskap. Magikerna är ofta logiska, spränglärda, nyfikna och toleranta inför nya perspektiv, de drivs av en vilja att veta och att utforska världen. I den mån de är excentriska är det ofta på samma sätt som man föreställer sig att en vetenskapsman är excentrisk: alltså någon som står med nästan i ett provrör och genom våghalsiga experiment orsaker explosioner och märkliga olyckor. Magin, i likhet med vetenskapen, går också ut på att manipulera naturen och att införa sin vilja på den. Den är med andra ord definitionsmässigt onaturlig.

Modern vetenskap och teknik har skapat de mest fantastisk underverk. Det kan handla om avancerade medicinska behandlingar för att bota sjukdomar som ingen hade föreställt sig kunde behandlas för bara några årtionden sedan. På ett något mindre dramatiskt sätt kan det handla om att konstruera kylskåp och frysar, för att kunna förvara livsmedel under säkra former, eller infrastruktur och andra transportmedel för att göra livet enklare för alla som är i behov av att färdas långa sträckor. Det går att lovsjunga vetenskapens pris i all oändlighet. Men det finns också en baksida som det inte lika ofta talas om, bortsett från en liten skara kulturkritiker inom den reaktionära högern och den postmoderna vänstern.

När USA napalmbombade skogarna i Vietnam var det tack vara den moderna tekniken. Det faktum att en amerikansk soldat kan sitta i en bunker någonstans på amerikansk mark, trycka på en knapp, och därigenom låta en drönare skjuta skarpt mot människor i Jemen eller Syrien, är på grund av vetenskapliga framsteg. De mest fruktansvärda formerna av modern krigföring – biologisk, kemisk, teknisk och ekonomisk – kan vi tacka den vetenskapliga utvecklingen för. Under medeltiden kunde två härar mötas i strid på öppet fält, och när den ena hären vek under för den andra kunde ett par hundra man ligga dödade eller sårade efter striden. När den industriella masslakten under första världskriget nådde sin höjdpunkt kunde ett par hundratusen man ligga döda efter ett enda slag, tack vare vapenteknik som blivit effektivare än svärd och bågar.

I fantasyn kan samma sak sägas om magin. Den kan göra livet bättre för människor, men den har också kapacitet för oerhörd förstörelse. Detta är någonting som visar sig många gånger under spelets gång. På den punkten är det intressant att notera att spelskaparna byggde in en konfliktlinje från medeltiden: alltså den mellan religion och filosofi, men gav den en annan operationalisering, en tolkning som stämmer bättre överens med hur saker och ting fungerar inom ett fantasyspel. I vissa kretsar brukar den europeiska medeltiden beskrivas som en period vilken präglades av social harmoni, bland annat på grund av att det inte fanns några ideologier som kunde bygga upp spänningar mellan olika grupper. Så länge det finns olika världsbilder, vilka gå emot varandra, kan total social harmoni emellertid aldrig råda.

Det finns mer att säga om den teologiska grund på vilken the Chantry vilar och vilken, som vi har sett, får konsekvenser för relationen till magikerna men också för hur man förhåller sig till andra grupper i samhället. Som jag skrev ovan är denna teologi en skarp monoteism där rivalerande religioner döms ut som falska och bekämpas därefter. Det finns också en idé om att the Maker kommer att återvända till världen som han skapade först när alla varelser återigen tillber honom, vilket ger upphov till ett ännu mer intensivt religiöst nit när det gäller att sprida den rätta läran.

Gällande detta finns det också vad man kan kalla en kolonial dimension. Det gäller nämligen att denna religion i första hand är skapad för människor och att de andra varelser som bebor Thedas har sina egna religioner. Så det är inte bara konflikten mellan religionen och magin som framstår som upphov till betydande spänningar, det gäller också relationen mellan the Chantry och de övriga, icke-mänskliga raserna. Det finns exempelvis inga alver eller dvärgar som tjänstgör som templars, eller som präster högre upp i den kyrkliga strukturen. De är snarare objekt för frälsning än vad de är genuint deltagande inom kyrkligheten.

Jag läser detta som en kritisk kommentar till framför allt kristendomen och islam, även om the Chantry uppenbarligen är uppbyggt efter kristna principer snarare än islamska. Vad saken gäller är emellertid den imperialism som ligger latent i både dessa religioner; deras oförmåga och ovilja att acceptera och respektera andra religiösa riktningar som jämbördiga med den egna. En sak som jag inte lyft fram är att the Chantry, trots allt, har sina goda sidor. Det predikas ett evangelium om nåd och frälsning, samt värdet av goda gärningar, och det är någonting som man omsätter i praktiken genom att driva en omfattande social verksamhet.

Det ska emellertid inte bortses ifrån att den kommentar som Bioware lämnar angående religionen har en kritisk slagsida. The Chantry vill, i likhet med andra monoteistiska religioner, införliva så många som möjligt i sin trosgemenskap, vilket ger företaget en imperialistisk karaktär. Denna religion bygger också på människorasens andliga erfarenheter och preferenser – och det kan på denna punkt nämnas att de flesta människor som porträtteras är etniska européer – vilket gör det hela till en fråga om att lägga under sig och kolonisera andra raser genom att byta ut deras kultur och andliga liv till förmån för en lära som inte kan acceptera konkurrerande andliga lojaliteter.

Den andliga anspänningen är dock inte den enda samhällskonflikten som gör sig påmind i denna berättelse. Det finns fler konfliktlinjer som är värda att utforska. Ett intressant exempel är den kommentar till klassamhället samt ekonomisk och social orättvisa som lämnar när spelaren möter dvärgriket för första gången. Detta är som sagt vad som gör DA verkligt intressant som spel; att det inte enbart handlar om drakar och demoner, utan också tar sikte på att problematisera verkliga förhållanden, men med en tolkning som är anpassad efter fantasyns förutsättningar. Och i berättelsen om dvärgarna är det klassamhället som tolkas.

Eller, om man ska uttrycka sig mer korrekt, kastsamhället. Dvärgarna har nämligen ett samhällssystem som närmast har frusit fast i permanenta former som en följd av sin rigiditet. Grunden för systemet är monarki, men monarkens makt balanseras eftersom det också finns en stark adel som inte accepterar vilka beslut som helst. Adeln accepterar inte heller vilken tronarvinge som helst och överlämnandet av kronan från far till son kan därför bli problematiskt. Konflikter har en tendens nå lösning genom extremt våld, snarare än genom förhandling. Med tanke på vilken lojalitet som systemet fodrar av de som ingår i det, kunde man tänka sig att dvärgarna skulle vara mer benägna att acceptera formella regelverk, men så är inte fallet.

Det som emellertid accepters av alla är kastsystemet. Kast är någonting som varje enskild individ föds in i och möjligheterna att avancera i den sociala hierarkin är små. Kasterna är bland andra adeln, krigarna, handelsmännen, hantverkarna, tjänarna, och de kastlösa. Det som krävs för att avancera är att den enskilde genomför en exceptionell tjänst till sitt samhälles fromma; någonting som går långt utöver det vanliga. För de allra flesta är det emellertid fallet att man lever och dör i det kast som man har haft turen eller oturen att födas in i.

Inom vissa strömningar inom den traditionalistiska högern betraktas kastsystemet som någonting naturligt och ursprungligt, och kanske till och med som någonting vilket kan vara värt att försöka återvända till. I DA betraktas emellertid dvärgarnas kastsystem från en kritisk vinkel. Det belyses som ett samhällssystem vilket i grunden skapar stora orättvisor i meningen att det permanentar stora sociala skillnader mellan olika grupper i samhället. Det kan också noteras att den enda anledningen till att systemet trots allt kan hålla, är att det i undantagsfall tillåter någon form av på meritokrati grundad flexibilitet som skapar möjligheter för socialt avancemang för individer som borde tillhöra ett annat kast.

DA:s kommentar till dvärgarna och kastsystemet är inte förvånande. Det verkar på något sätt inte märkligt att dvärgar, av alla raser, har byggt upp och upprätthåller ett system som permanentar sociala skillnader. Det som är desto mer ovanligt är alvernas position i förhållande till de andra raserna i Thedas. Alver är i de flesta fantasysammanhang en upphöjd grupp. De står över alla andra raser och deras utblick är därför präglad av en rimlig arrogans. Ett bra exempel på en sådan skildring av alverna är Tolkiens Sagan om Ringen. Vi har emellertid sett att också alver kan falla från sin upphöjda position, vilket var fallet i Warcraft III: The Frozen Throne, där den fallne prinsen Arthas och hans odöda krigare slår alvriket i spillror. Efter denna invasion blir alverna ett disaporafolk och lika mycket kreti och pleti som alla andra.

I WC3 har alverna emellertid lyckats bevara någon form av värdighet och inte tappat det faktum att de har ett högre syfte ur sikte. Berättelsen om dem blir snarast inriktad på deras uppdrag att finna ett nytt hemland och återupprätta sitt värde som folk. Och inte minst blir det en fråga om att utkräva vedergällning mot den som tog deras hemland ifrån dem. För alverna i Thedas är allt hopp förlorat, deras värdighet är så långt borta att de har förlorat den helt ur sikte. De flesta alverna i denna berättelse lever i ghetton under en sorts apartheidpolitik, där de bebor samhällets undre skikt med permanent status som andra klassens medborgare.

Operationaliseringen av apartheidpolitik är bokstavlig i meningen att den innebär åtskillnad: alverna lever åtskilda från människorna i de samhällen där de lever "tillsammans". Till skillnad från det typiska greppet inom fantasyn, där alverna har en upphöjd position, går det i detta fall att säga att alverna har en underordnad position. Det förekommer dessutom flitigt att alver diskrimineras baserat på sin rastillhörighet och det är regel snarare än undantag att de utsätts för rasistiska tillmälen av framför allt människor. På den punkten är det intressant att notera att det, som en motreaktion på denna underordning, inom alvgruppen har bildats någonting som kanske kan benämnas som en nationell rörelse.

Det intressanta med denna rörelse är att den har lämnat människornas städer och sökt sig till alvernas naturliga boplats: skogarna. Denna rörelse är med andra ord porträtterad efter en föreställning att det finns någonting som är "naturligt" för ett folk och att ett folk, när det kommer för långt bort från detta naturliga, upplever främlingskap och mår dåligt i största allmänhet. Alvernas plats är inte i människornas städer. Detta sökande från alvernas sida är inte skildrat som någonting dåligt, det är inte utsatt för någon kritik, men det kan ändå sökas bygga på den nationalistiska idén om att ett folk måste söka sina rötter för att inte falla offer för känslor av främlingskap.

Här är det värt att återkomma till en observation som jag gjorde tidigare i texten: de flesta, för att inte säga så gott som alla, människor är skildrade som etniska européer. Det ger upphov till två slutsatser. På en nivå betyder det att spelet är eurocentriskt i meningen att det verkar tänkt att tilltala framför allt människor av europeisk börd, när det är dessa som representeras. På en annan nivå förekommer det i hög grad rasism, imperialism och kolonialpolitik från människornas sida gentemot de andra raserna och den höga representationen av etniska européer blir därmed outtalat kritisk, eftersom dessa genomgående skildras som moraliskt klandervärda.

DA är intressant i meningen att det skildrar en djupt disharmonisk kultur, vilket blir en smärtpunkt som det trycks på när Darkspawn invaderar Ferelden, landet där merparten av handlingen i det första spelet äger rum. Det blir upp till spelaren att försöka synka samman de olika grupper som av historiska, teologiska, klass- och rasmässiga anledningar inte har särskilt mycket gemensamt och mycket svårt att hålla sams. Men det skapar också en dynamik i handlingen, att handlingen inte enbart bygger på det yttre hotet, från de onda demonerna eller den arga draken, utan att det också finns de inre spänningarna som vi själva är ansvariga för. I DA är hotet från Darkspawn tillfälligt, men kulturkriget är ständigt pågående.

Ett förlorat folk. Om Blodalverna

Berättelser om folk och fosterland går som en röd tråd genom Warcraft III. Ibland är dessa teman mer uttalade, och ibland mindre uttalade. En av de mer utvecklade berättelserna, vilken också innehåller ett mer uttalat nationalistiskt tema, är den om blodalverna och deras ledare, Kael'Thas Sunstrider. Handlingen i denna berättelse tar vid i uppföljaren till Warcraft III. En expansion som går under namnet "The Frozen Throne". För att förstå vad som händer i denna berättelse måste vi anknyta till Arthas Menethil och den väg som han kommer att följa efter hans fall till den mörka sidan och hans totala förräderi mot allt och alla till vilka han en gång hyste lojalitet.

Berättelsen om Arthas är en tragedi: den gode prinsen som kämpade för folk och fosterland omvänds till att bli en förrädare som blir sin nations förstörare. Arthas mördar dessutom sin far, den gode kungen, och blir den onde kungen över sina ruiner. Arthas nya roll blir som the Lich King's främste örkämpe, den som leder hans trupper i strid och verkställer hans planer. The Lich King har planer som är del av en utvecklad konspiration, vilken går ut på att öppna upp en portal mellan denna värld och en annan så att en demonkrigsherre ska kunna passera genom denna. Just denna del av handlingen är emellertid inte av intresse för oss här och nu.

Det som är av intresse är vad som händer på vägen när denna plan ska iscensättas. Ett av delmålen är nämligen att återuppliva Kel'Thuzad; kultledaren som Arthas dräpte när denne försökte sprida en pest för att underminera Lordareon. För att Thuzad ska kunna återupplivas behöver Arthas och hans soldater tillgång till en mystisk kraftkälla som heter The Sunwell. Denna är belägen i hjärtat av Quel'Thalas, högalvernas land. Högalverna är en ras som i allra högsta grad gör skäl för sitt namn. Det är också av betydelse att redan inledningsvis poängtera att mycket av handlingen i Warcraft utgår från rasbegreppet. Det är inte olika klasser som bekrigar varandra, inte ens olika stater: det är olika raser.

Högalverna är en ras av högintelligenta alver. I Warcraft-mytologin så delar de ursprung med de mer naturnära nattalverna. De två raserna separerades emellertid genom ett uppslitande inbördeskrig som, bland mycket annat, handlade om användningen av magi. Nattalverna lever i samklang med naturen och det är genom samverkan med sin omgivning och dess varelser som de får sina krafter. En intressant sak som kan noteras är att nattalverna, till skillnad från andra raser, inte hugger ner träd för att få tillgång till resursen trä. Deras samhälle bygger på en etik i vilken det är oacceptabelt att göra någon som helst åverkan på naturen. De agerar mycket fientligt mot de som bryter mot denna etik.

Högalverna, å andra sidan, bygger sin civilisation på användandet av magi. En observation som går att göra är att användandet av magi inom fantasygenren ofta blir en analogi till bruket av vetenskap och modern teknik i det verkliga livet. Det verkar så klart motsägelsefullt eftersom så kallade användare av "magi" i det verkliga livet sällan eller aldrig skulle betraktas som representanter för en rationalistisk syn på tillvaron. I fantasyn gäller emellertid andra regler. Här kopplas bruket av magi till intelligens och trollkarlar kan i detta sammanhang betraktas som en form av vetenskapsmän. Det är inte helt ovanligt att de har ett skakigt förhållande till religiösa auktoriteter. Detta är fallet i datorspelet Dragon Age.

Nattalverna lever i harmoni med naturen och när de får tillgång till krafter som kan tolkas som "magiska" är det snarast att betrakta som en gåva från naturen, det är ingenting som de har tvingat till sig med våld. Högalvernas magianvändande följer andra principer. Den magi som de har i bruk ska snarast betraktas som en form av manipulation av naturen. Det är också en beröringspunkt med modern vetenskap. För vad är vetenskap om inte manipulation av naturen? Högalverna är också företrädare för civilisationen och de har byggt upp en fantastisk sådan, vilken präglas av avancerad arkitektur, finkultur, bildning och utveckling i största allmänhet. Faktum är att deras civilisation är mer utvecklad än vad människornas kan sägas vara. Det gör att högalverna karakteristiskt för sig med en viss högdragenhet.

Det kan i förbigående noteras att det därför finns en spännande kontrast mellan högalverna och nattalverna, vilken blir mer än skillnaden mellan två raser, det blir snarast skillnaden mellan två fundamentalt olika sätt att betrakta världen. Det första bygger på civilisationsbegreppet och det premierar rationalitet, utveckling och manipulation av naturen. Det andra bygger på känsla och solidaritet, stillastående och bevarande av det redan existerande, och ett liv i harmoni med naturen snarare än att man expanderar på den senares bekostnad. Jag skriver detta för att poängtera att av alla grupper som finns i Warcraft är det högalverna som är civilisationens främsta företrädare. Inte ens människorna kommer i närheten av dem, än mindre andra raser som exempelvis orcher.

Detta gör också gällande att det finns, för att använda modernt språkbruk, en kulturrasistisk impuls inbyggt i detta spel. De olika raserna har olika samhällsbegrepp, olika kulturella system, och det är uppenbart att de inte är jämlika med varandra. Åtminstone inte om man ska bedöma dem efter det klassiska civilisationsbegreppet. Å andra sidan behöver man inte göra detta, då det på samma gång kan sägas att alla de olika rasernas kulturer och samhällssystem kommer med olika fördelar och nackdelar som tar ut varandra. Om civilisationsbegreppet ska vara måttstock blir det emellertid svårt att argumentera för att någon grupp har någonting att komma med jämfört med högalverna.

För Arthas är denna högtstående civilisation bara ett hinder på vägen. Det enda han vill åt är the Sunwells mystiska energier. Ett av uppdragen som spelar åtar sig i den andra kampanjen om Arthas är således att invadera Quel'Thalas och, efter hård kamp, förstöra högalvernas rike. När Arthas använder the Sunwell för att resa den gamle fienden Kel'Thuzad från de döda, så korrumperas denna för all framtid och blir obrukbar som kraftkälla. Det ska nämligen visa sig att det var denna som var urkällan från vilken högalverna drog sina magiska krafter. Den var fundamentet som deras civilisation vilade på. Nu är fundamentet förstört, och resten av deras samhälle likaså, och högalverna finner sig utkastade i en många gånger fientlig värld.

Det är värt att dröja sig kvar vid konceptet civilisationsförstörelse för ett slag. Armén som Arthas anför kallas för the Scourge och består av de odöda. Denna armé har inget positivt syfte överhuvudtaget; den har ingen positiv samhällsmodell. I denna kampanj har de som syfte att bereda väg för en armé av demoner som vill passera in i denna värld för att kunna förstöra den. Till skillnad från andra raser i spelet, som vill bygga upp någon form av samhälle och kultur, vill the Scourge och demonerna bara förstöra utan att bygga upp något i gengäld. Det går därför att läsa in en direkt anti-civilisatorisk tendens i förstörelsen av Quel'Thalas. Det vore för mycket sagt att läsa in att the Scourge representerar någon form av politisk impuls, men däremot representerar den en anti-civilisatorisk tendens som i allra högsta grad finns närvarande inom verkliga politiska strömningar.

Högalverna hade en fantastisk civilisation, men efter Arthas invasion har de ingenting förutom sig själva. De har blivit vad som kallas ett disaporafolk. På den punkten är de inte helt olika det judiska folket. Högalverna är med i en organisation som går under namnet the Alliance, vilken också består av människor och dvärgar. Denna allians är ett försök att orientera sig i en värld där Lordareon har fallit och där människornas fiender vinner seger efter seger. Högalverna behandlas ytterst illa i the Alliance och i synnerhet av organisationens befälhavare, Lord Garithos. Rasism är således ett ämne som behandlas inom ramarna för spelet. Högalverna behandlas illa just eftersom de är alver, inte för någonting som de har gjort eller underlåtit att göra. Det kan emellertid anföras att högalverna, under den tid de stod vid höjden av sin makt, såg ner på andra raser och betraktade dem som lägre stående.

Just eftersom spelen bygger på konflikten mellan olika raser, så är det inte helt orimligt att dynamiken mellan dessa raser kan behandlas på ett mer utvecklat sätt. Sättet på vilket högalverna behandlas stämmer överens med sättet som disaporafolk behandlas på, eller åtminstone med den populärkulturella föreställningen om hur dessa folk brukar behandlas. De är ett folk utan land, och därmed utan makt, och det är ingen som behöver behandla dem på ett bra sätt. Detta är intressant eftersom högalverna är en högstående ras; de är intelligenta och ytterst kapabla. Men det kanske å andra sidan är därför som människorna tar chansen att behandla dem illa när det går?

En tid efter förstörelsen av Quel'Thalas börjar högalverna märka att de har en märklig hunger, ett begär, som de inte hade innan the Sunwell korrumperades. Det visar sig att de lider av någonting som liknar ett beroende av magi; de har skurits av från sin kraftkälla och nu börjar det visa sig. En esoterisk läsning av detta förhållande kan komma fram till det följande. Högalverna har förlorat sitt fosterland, och källan till sina magiska krafter, de är utkastade i en fientlig värld som på många sätt vill dem illa och den höga ställning de en gång hade har gått förlorad. Jag kan tänka mig det följande: förlusten av deras magiska källa, som de nu känner i form av ett magiberoende, kan läsas som en analogi för förlusten av deras fosterland. Det är den nationalistiska tolkningen av situationen.

Detta är inte någonting som läggs fram uttalat i handlingen, utan det är tvärtom en läsning som jag inför på handlingen. Däremot är den inte orimlig. Begäret som högalverna känner, förlusten som de lider av, är förlusten ett folk kan känna när de har förlorat sitt fosterland. En viktig del i handlingen är högalvernas sökande efter en ny kraftkälla, även om de först gör analysen att de ska försöka "bli av" med sitt beroende av magi. De kommer snart bli varse om att detta inte är möjligt för dem. Precis som det inte är möjligt för ett folk att bli av med begäret efter ett fosterland, ett hem, någonstans att kalla sitt eget i en hård och omväxlande värd. Ett folk kan inte bli av med detta begär, men de kan ersätta fosterlandet de har förlorat med ett nytt fosterland.

Sökandet efter en ny kraftkälla, eller, om man ska tro min esoteriska läsning av handlingen, ett nytt fosterland, kommer att driva handlingen efter de inledande kapitlen. Högalverna har åtminstone turen att de har en stark ledare i Kael'Thas, prins av Quel'Thalas, och siste överlevande medlem av den kungliga familjen. Det är nu upp till honom att orientera sitt folk i den fientliga värld som de nu bebor, och han döper om sitt folk från "högalver" till "blodalver", som ett sätt att hedra sina folkkamrater som dödades av Arthas och hans odöda krigare. Jag har hitintills gjort en nationalistisk läsning av denna berättelse: blodalverna är ett folk som söker sitt fosterland, för att stilla den saknad som de känner efter det som de har förlorat. Det är saknaden som driver dem i deras handling.

I förlängningen uppstår det emellertid orsak att göra en fascistisk läsning av berättelsen, för att komplettera den nationalistiska. När jag skriver "fascism" innebär det i sammanhanget inte någon strikt applicering av det man kan kalla generisk fascism, alltså den faktiska fascism som existerade i Italien. Jag kommer inte att konstruera några idealtyper eller genomföra någon mer utvecklad jämförelse efter akademisk modell. Den fascism som jag talar om gäller fascism som den brukar förstås på ett allmänkulturellt plan: alltså som ett folk i fara, som har besegrats och förödmjukats av inre eller yttre fiender, och att det nu gäller för en stark ledare att kliva fram och återupprätta folkets stolthet och storhet.

I denna berättelse är Kael'Thas den ledaren och det låter sig poängteras att detta inte framställs som någonting dåligt, utan tvärtom som ett nödvändigt och rentav heroiskt åtagande. Folket är i fara, dess heder har kränkts, och då gäller det för personer ur eliten att kliva fram och leda det ur från den prekära situation i vilket det befinner sig. Den svenske journalisten Henrik Arnstad, som har gjort sig till talesman för hela den "internationella fascismforskningen", brukar använda sig av en definition som säger att fascismen är en ultranationalistisk ideologi vilken tar sikte på nationens pånyttfödelse; en definition som ursprungligen kommer från forskaren Robert Paxton. De verkar förutsätta att fascismen är någonting som aktiveras när nationen är i fara, eller åtminstone när tillräckligt många människor uppfattar att den är i fara.

Arnstad, Paxton och deras kollegor verkar nämligen förutsätta att nationen inte är i fara och att det således inte finns någon anledning att mobilisera för dess räddning. Men om det nu faller sig så att nationen är i fara, ska det fortfarande betraktas som någonting klandervärt att personer från ledarskap och befolkning ställer sig till dess värn? Jag är benägen att tro att det faktiskt skulle det. Om det nu gick att få dem att gå med på att en sådan fara uppstått till att börja med. Det verkligt betydelsefulla i detta sammanhang är emellertid att vi i Warcraft III har en handlingslinje som stämmer överens med den fascistiska grunddefinitionen.

Det går till och med att argumentera för att handlingslinjen i spelet har gått förbi uppfattningen om en "nation i fara", faktum är ju att nationen redan har kollapsat och att blodalvernas ansträngningar nu måste riktas mot dess pånyttfödelse. Kael'Thas börjar snart inse att blodalverna inte har någon plats inom the Alliance. De möts inte bara med fientlighet, det är också fallet att de tvingas ta striden mot fiender som är så numerärt överlägsna att de inte har någon chans till seger. Ledarna för the Alliance försöker uppenbarligen att avsluta jobbet som the Scourge inte slutförde: att en gång för alla knäcka blodalverna.

Blodalverna får dock hjälp från oväntat håll när deras läge ser som mörkast ut. Denna hjälp kommer från sjöhäxan Lady Washj, som tillhör rasen "nagas", vilka en gång i tiden var alver men muterade till en sorts amfibievarelser genom sitt oförsiktiga magianvändande. Washj och hennes krigare tjänar den deserterade nattalven Illidan – en märklig gestalt som vi kommer ha anledning att återkomma till vid ett senare tillfälle – och med deras hjälp kan Kael'Thas rädda sitt folk från säker undergång. Emellertid går de från askan och in i elden, för när Lord Garithos får reda på att blodalverna har samarbetat med nagas, så anklagar han dem för högförräderi och ser till att samtliga blir inspärrade i väntan på avrättning.

Det öppnar upp för nästa kapitel i berättelsen, för inte helt oväntat blir de undsatta av Lady Washj som hjälper dem att, via en portal, fly till en annan värld där Illidan väntar på dem. Jag har redan nämnt att det finns beröringspunkter mellan blodalverna och disaporafolk, exempelvis det judiska. Här blir emellertid kopplingen till just judisk historia än mer tydlig. För vad är berättelsen om Kael'Thas - som leder sitt folk bort från förtryck genom en vandring som ska föra dem till en bättre plats - om inte en anspelning på Moses som leder judarna genom öknen och bort från det föregivna slaveriet i Egypten?

Kael'Thas hoppas på att Illidan ska vara deras frälsare, men Illidans filosofi är att var och en är sin egen frälsare. Dessutom finns det ingen bot för deras magiberoende, det enda möjliga är att ersätta den förlorade källan med en ny. Och det som Illidan föreslår är att blodalverna ska börja dra energi från demoner, vilket inte är helt ovanligt inom Warcraft-mytologin, men betraktas som någonting förbjudet och överträdande. Det är inga goda karaktärer som använder demoner som energikällor, men blodalverna är desperata och de saknar alternativ. Och det är någonstans här som det blir överflödigt att återberätta mer av handlingen, för det som återstår är att blodalverna, tillsammans med Illidan och hans trupper, bildar ett nytt block för att erövra den sargade kontinenten Outland och lägga den under sig.

Det får sägas att min läsning av denna berättelse får sägas vara åt det mer esoteriska hållet, så ta den med en nypa salt. Kanske i synnerhet min uppfattning att blodalvernas känsla av hunger efter magi, vilken uppkommit efter att the Sunwell förstörts, i själva verket är en analogi för deras saknad av sitt fosterland. På den punkten är det också som Illidan säger, att det finns inget sätt att bota denna saknad i sig. Det enda som kan hjälpa är att ersätta det som förlorats med någonting nytt. I berättelsen är det aldrig uttalat att det är ett nytt fosterland som blodalverna eftersöker, men det är ändå ett faktum att sökandet efter en ny magikälla är det samma som sökandet efter ett sådant. Det är svårt att se hur det ena skulle kunna uppstå utan det andra.

Den kanadensiske psykologen Jordan Peterson brukar i sina föreläsningar lägga fram motsatsparet ordning kontra kaos. Ordning råder när det som händer i våra liv stämmer överens med våra förväntningar; kaos uppstår när det istället blir en diskrepans mellan dessa. Ordning är när du går på stan och handlar utan att tänka på någonting särskilt. Kaos är när det utan förvarning kommer fram en man och håller en kniv mot din hals samtidigt som han kräver att få din plånbok. Den viktiga distinktionen att göra är att du inte är samma person när det råder ordning som när kaoset har inträtt.

Högalverna kunde kalla sig högalver så länge de hade Quel'Thalas som sitt hemland: efter att detta rycktes ifrån dem blev de ett annat folk, blodalverna, och med ett betydligt mörkare öde framför sig. Förlusten av hemlandet fick dem att göra saker som de aldrig hade trott sig kapabla till innan, men som de tvingades till av nödvändighet. Jag läser därför in ett tema i berättelsen som går ut på att skildra vilken betydelse det är för ett folk att ha sitt hemland, och att förlusten av detta kommer att få allvarliga konsekvenser. I just detta fall leder det till en snabb skiftning i en mångtusenårig identitet till en betydligt mörkare sådan.

Det är också av betydelse att kommentera hur The Sunwell kommer att ersättas med demoner som källa till magiska krafter. Det kan läsas som en analogi för hur eroderingen av kultur och traditioner kan leda till hur ett folk, eller för all del en individ, vänder sig till andra och betydligt sämre källor för att ersätta det som har förlorats. Det finns därför ett värde i att det gamla och säkra kan bevaras, och att man inte tillåter att det förstörs. Så det finns en dynamik i denna berättelse som grundar sig på nationalism och reaktion och till viss del även fascism. Det är en berättelse om ett folk som förlorat sitt land, och nu måste finna ett nytt hem såväl som en helt ny identitet, och hur de måste sluta upp bakom sin ledare, vilken dessutom är av kunglig börd, för att kunna åstadkomma sin nations pånyttfödelse.

En man bland ruiner. Om The Mandalorian

Något oväntat har Star Wars kommit tillbaka som exempel på intressant populärkultur. När Disney för en handfull år sedan övertog ägarskapet från grundaren George Lucas inledde de svagt med en kalkonaktig filmtrilogi. Dessa filmer skulle utspela sig efter förstörelsen av dödsstjärnan och imperiets fall, händelserna som avslutar den ursprungliga trilogi av filmer som spelades in på åttiotalet och därmed inleder Star Wars-eran inom populärkulturen. Även om ursprungsfilmerna inte heller var några mästerverk utgjorde de ändå bra berättelser, vilket inte kan sägas om Disneys produktioner.

Därför var det oväntat när produktionen valde att slå in på en annan väg som både gick i linje med fansens önskemål och utforskar helt andra teman än de som rymdes inom de nyproducerade filmerna. Temat för serien som här omskrivs är mandalorianer, den krigarkultur som mest påminner om en sorts hypermoderna spartaner. De blev kända från de första filmerna genom den karakteristiska prisjägaren Boba Fett. Därefter har en berättelse om det mandalorianska folket växt fram inom Star Wars-mytologin och det är dessa som vi nu får möta i den senaste Disney-produktionen.

Huvudpersonen i The Mandalorian är Din Djarin, som spelas övertygande av Pedro Pascal. Imperiet har nyss fallit och Republiken håller på att återbildas i galaxen. Det är i detta läge som den trasiga mandalorianska kulturen försöker orientera sig. Den har tidigare krossats totalt av Imperiet och klanerna har tvingats migrera från hemplaneten och lever nu utspridda över universum. De framlever i små grupper, ofta gömda för allmänheten. Din försörjer sig som prisjägare och det är som sådan vi möter honom. I grunden saknar han dock prisjägarens grundläggande drivkraft: pengar. Det kommer att leda in honom på en farlig väg.

Redan från början är det ett par saker som framgår om karaktären Din. För det första, han är en krigare med en närmast religiöst orubblig hederskodex. För det andra, prisjägaryrket är något han enbart drivits till av nödtvång. Den mandalorianska kulturen ligger i ruiner och Djinn är tvungen att göra det bästa av situationen. I ett läge där det inte finns någon mandaloriansk armé att kämpa för, så får han nöja sig med att kämpa för den som kan erbjuda mest pengar. Detta är en av de grundläggande spänningarna i serien: idealism kontra materialism, heder kontra pengar.

I enlighet med mandaloriansk sed går Din han alltid klädd i sin rustning och han vägrar att ta av sig hjälmen för någon. En mandalorian tar aldrig av sig hjälmen inför någon annan – för då mister han rätten att någonsin sätta på sig den igen. Vid en punkt korsas hans vägar med mandalorianer som har en mer liberal syn på detta och han anklagar dem för att inte vara äkta. Det finns sedan tidigare i det mandalorianska samhället en splittring mellan en traditionalistisk fraktion, kallad Death Watch, och en mer reformistisk sådan som representerar samhällets huvudfåra. Din har fostrats inom den tidigare och reagerar inledningsvis med avsky när han träffar andra av sin sort som inte följer den rätta vägen.

När han vid ett annat tillfälle blir ombedd att avrusta sig blir svaret "vapen är del av min religion". För en mandalorian är vapen inte bara medel för krigsföring, det är en del av någonting djupt rotad i deras sätt att leva. Din är berättad som en psykologiskt extrem person och hans kompromisslösa inställning till livet och sina principer blir en av spänningarna i handlingen. Han är en fundamentalist i sitt sätt att vara. Den mandolorianska kulturen är en extrem sådan och Djinn fostrades i den mest extrema av alla dess riktningar.

För mandalorianerna är deras hederskodex en trosfråga. Något som de gärna uttrycker genom mantrat "this is the way", vilket Dins klan upprepar närhelst de får anledning att hävda sin världsåskådning. Denna inställning visar sig konkret på flera olika sätt. När Djinn får i uppdrag att extrahera en resurs – som senare visar sig vara den figur som på internet kallas "baby Yoda" – får Djinn hjälp av denne med att döda en farlig best precis innan den ska döda honom. Hemma igen erbjuder Djinns klan honom att _ra besten som symbol, men Djinn avböjer eftersom han fick hjälp av en fiende med att döda den och _t segern därmed var "utan heder".

_är uppdraget är slutfört och baby Yoda, eller Grogu som varelsen egentligen heter, lämnats över till _ställaren är Din tveksam. Man kan säga att hedern gör sig påmind. Grogu har hjälpt honom mot en _nde och kan därför inte behandlas hur som helst. Djinn åker tillbaka med vapen i hand och skjuter _ Grogu ur fiendens bas. Därefter är de båda högvilt för prisjägare och måste fly genom galaxen. Din _ar riskerat sitt liv för att rädda någon som han fick betalt för att extrahera. En prisjägare skulle aldrig _öra på det sättet, men en krigare skulle sätta sitt liv på spel om hedern krävde det.

_är finns emellertid någonting annat. Din är ett fosterbarn: han är inte född som mandalorian. _osterbarn i den mandalorianska kulturen kallas för "foundlings" och är ganska vanliga. Någon säger _d ett tillfälle att mandalorian inte är en ras, utan ett sätt att vara. Din hedrar sitt arv bland annat _nom att stödja andra som är i hans situation genom att donera överskottet från sina uppdrag. Men _tta spelar säkert roll när det kommer till inställningen till Grogu: han ser någonting av sig själv i den _lla gröna varelsen och vill ställa upp för honom.

_ckså som karaktär skiljer sig Djinn från persongalleriet som mötte oss i de senaste filmerna. Dessa _araktärer var neurotiska, bittra, misslyckade och naiva. De uppbar en mängd dåliga egenskaper och _ar svåra att fatta tycke för just eftersom de var så patetiska. Djinn har det också tufft: han är en man _land ruinerna. Men han kommer aldrig på tanken att beklaga sig. Han är berättad som en marinsoldat _lacerad i ett rymdäventyr, och som på ett befriande sätt saknar de neurotiska och fåniga tendenser _om utmärkt andra nyare Star Wars-karaktärer. Här gäller beslutsamhet snarare än självömkan. Här _äller att, för att låna en formulering från Cameron Hanes, inse att ingen bryr sig och att den enda _oten är att arbeta hårdare.

_å ett sätt är The Mandalorian en hypermodern westernrulle. För här finns mycket av det som gjorde _tar Wars populärt: friheten, outforskade vidder, ett oreglerat universum som tillhör smugglare, pirater _ch prisjägare. Din saknar inte heller Clint Eastwood-stuk när han far ut till galaxens laglösa områden _ned inställningen att alla problem både kan och bör lösas med ett vapen. Serien vill lägga fram en _ltramaskulin och individualistisk karaktär av en äldre modell, av den som var gällande när _westernfilmerna hade sina glansdagar. Det är ett radikalt annorlunda mansideal än vad som annars är _ormerande inom samtidskulturen.

_uvudlinjen i de två första säsongerna har handlat om hur en hårdnackad och principfast religiös _xtremist – ständigt bepansrad och beväpnad till tänderna – så låst vid sin väg att han inte kan visa sitt _nsikte för en annan varelse på ett fint sätt kan mjukna något. Det sker genom två av de viktigaste _akerna för en man: vänskap och faderskap. Din lär sig att livet inte bara handlar om stålhårda _rinciper när han tvingas backa på dem för att kunna ställa upp för personerna i sin omgivning. _xempelvis accepterar han att behöva visa sitt ansikte för att kunna hjälpa Grogu som blivit bortförd _v imperielojalister.

_ör Grogu blir han en adoptivfar och det ger honom en mjukare profil. Det ligger nära till hands att tro _tt han finner en värme inombords som anknyter till hans egen barndom. Liksom Grogu är Din _öräldralös, en så kallad "foundling". När Grogu blivit bortförd skickar Din ett meddelande till hans _idnappare, Moff Gideon, och förklarar att Grogu betyder mer för honom än någonting annat och att _de alla kan förvänta sig att dö för hans hand för sitt brott. Detta är en finstämd karaktärsutveckling _eftersom det handlar om genuina känslor som höjer Din över hans nivå. Han går från en bepansrad _krigare som inte kan visa sitt ansikte för någon, till en vän och fadersfigur som kan sträcka ut sina _känslor till andra.

Kampen om makten. Om Game of Thrones

George R. R. Martins bokserie A Song of Ice and Fire tog världen med storm när den år 2011 lanserades som tv-serie av produktionsbolaget HBO. Bokformatet är en sak, men vill man verkligen etablera sin närvaro i det allmänna medvetandet verkar det vara ett krav att presenteras i formen av e tv-serie. Effekten lät inte vänta sig på och GOT, som det brukar förkortas, var under flera år världsens särklass populäraste tv-serie med en både stor och lojal tittarskara världen över. När ett verk får denn status inom kulturen blir det närmast en skyldighet att titta närmare på vad det är för värderingar och politiska symboler som det signalerar.

Det finns ingen brist på denna typ av analyser; jag har själv skrivit flera. Denna gång vill jag emellertid ta ett helhetsgrepp om GOT och inte begränsa mig till att skriva om enskilda karaktärer eller handlingslinjer, vilket har varit det grepp som jag tidigare begagnat mig av. GOT har, i synnerhe sedan den vann popularitet som tv-serie, varit svår att acceptera för personer på högerkanten. En vikti anledning till detta är att GOT skildrar konflikter snarare än en harmonisk och symmetrisk kultur. Mycket kan dessutom sägas om karaktärernas personliga moral; det kan inte gärna sägas annat än att många karaktärer är förhållandevis osympatiska.

Kungar, drottningar, präster, adelsmän och riddare, i GOT beter sig alla dessa på ett sätt som höga herrar och damer inte borde göra. De ljuger, mördar, är otrogna, sviker löften, och bryr sig inte det minsta om sina undersåtar. För den som vill ha en mer normerande berättelse verkar det som en bättre idé att läsa Tolkiens Sagan om ringen-trilogi. Där är nämligen de styrande precis vad de borde vara. De styrande är modiga, visa, goda, och bryr sig om sitt folk, och i stort sett alla av de viktiga karaktärerna motsvarar en arketyp som står för någon särskild god egenskap.

GOT och Sagan om ringen är på flera sätt varandras motsatser. De står för helt olika sätt att berätta en historia. GOT är karaktärsdriven och det finns ingen oomstridd "stor berättelse" som i ensamt majestä sätter kursen för handlingen. Det finns huvudlinjer som återkommer, och som karaktärerna får förhåll sig till, men handlingen ligger ändå till största delen på karaktärernas axlar. Sagan om ringen är däremot berättelsen om härskarringen och de mindre, mer personliga berättelser, som vi ser konturern av får finna sig i att trängas inom ramarna för den stora berättelsen.

På ett personligt plan är jag tilltalad av GOT i än högre grad än vad jag är av Sagan om ringen, även om jag betraktar den senare som en av 1900-talets mest välgjorda berättelser. Den är definitivt en mer självklar kanon och normsättare än vad GOT kan sägas vara. Sagan om ringen är tilltalande i sin enkelhet. Det är befriande att Aragon börjar som den modiga och kompetente utbygdsjägaren, manner som äger rätten till kronan men som ändå är helt ointresserad av makten. När han väl blir kung är det givet att han rider i första ledet mot de som hotar hans folk och land. Detta sällsynta slag av ledare med "skin in the game" och som är ovillig att förvänta sig att hans soldater ska ta risker som han själv inte vill ta.

För att någon som Frodo, ringbäraren, ska kunna korrumperas krävs det en yttre kraft med samma potens som härskarringen. Detta gäller för karaktärerna på den goda sidan: de korrumperas av yttre omständigheter. Frodo blir till slut lika förälskad i ringen som tidigare alla andra som haft oturen att komma i kontakt med den. Hans kompanjon och beskyddare, Boromir, är beredd att ta till våld för att ta ringen ifrån Frodo, men han överkommer sin sämre sida, kommer till sans, och dör istället när han skyddar hoberna från anstormande Uruk Hai. Boromir är emellertid bara en människa och det ligger i hans natur att inte kunna stå emot ringen.

Det är däremot otänkbart att Boromir skulle döda sin bror, Faramir, för att säkra en bättre position åt sig själv inom Gondors politik. Precis lika otänkbart är det att Aragon skulle vara notoriskt otrogen mot sin drottning, Arwen, med prostituerade som tagits till hovet för detta ändamål. Den typen av småaktigheter existerar inte inom ramarna för Sagan om ringen. Det finns förrädare, som Saruman och Grimma Ormstunga, och det finns onda personer som gör anspråk på makt, som Sauron, men den typen av intrig som ständigt återkommer i GOT finns inte i Sagan om ringen.

Där GOT är en komplex berättelse är Sagan om ringen en dualistisk sådan. Det betyder i praktiken att i den tidigare kan en och samma karaktär vara både god och ond inom ramarna för handlingen. I den senare finns det snarare en god respektive ond sida som står i kontrast till varandra och där karaktärerna definieras utifrån denna tillhörighet. Karaktärer som hör till den onda sidan är oftast ensidigt onda och de som hör till den goda sidan är oftast ensidigt goda. Det är den komplexa berättelsen som kan göra anspråk på att beskrivas som mer realistisk. Det verkliga livet kan sällan eller aldrig delas upp efter begreppsparen gott och ont.

Det kanske verkar som en överdrivet diplomatisk inställning, men faktum är att vi behöver både komplexitet och dualism inom ramarna för kulturen. Vi behöver berättelser som kan sätta upp robusta normer och ge konkreta och obefläckade exempel på egenskaper som ska lyftas fram som eftersträvansvärda inom kulturen. Mod, lojalitet, uthållighet, vänskap, eliter som bryr sig om sitt folk – det behövs exempel på allt detta. Samtidigt är det också befriande att ta del av kultur som kan sätta fingret på smärtpunkterna som finns inom tillvarons olika dimensioner. Politiken, kriget, familjen, relationen mellan man och kvinna, och som kan skildra alla de spänningar som onekligen är en del av det verkliga livet.

GOT gör allt detta. Martin sätter i sex böcker, och åtta tv-sända säsonger, fingret på alla dessa smärtpunkter. I GOT finns goda karaktärer, och det finns dåliga karaktärer, och det finns betydligt fler karaktärer som under handlingens gång uppvisar både goda och dåliga egenskaper. Därtill finns det sådana som till att börja med är dåliga, men i takt med handlingens gång kommer till insikt och kan använda dessa insikter för att bli bättre människor. Det är kanske en oväntad fördel med en mer komplex berättelse: karaktärer kan förändras, de kan komma till insikt och inse att de gjort fel i det förgångna för att bättra sig i framtiden.

Det kan dessutom bli fallet att enskilda karaktärer får brottas med inre konflikter, skuldkänslor, prioriteringar, på ett sätt som en ensidigt god eller ond karaktär aldrig skulle göra. Men inre slitningar är en del av den mänskliga erfarenheten och det är någonting bra att den erfarenheten kan ställas upp på scen så att vi får ta del av den i det sammanhanget. Det är också en anledning till varför jag anser att GOT, trots att karaktärerna ofta inte framstår som några föredömen, har en plats inom det som kan kallas för högerkultur. Kultur handlar inte bara om att sätta normer – det handlar också om att skildra erfarenheter, verkliga erfarenheter, och det går inte att göra med idealiserade karaktärer som inte har någon motsvarighet i verkligheten.

GOT har ingen stor berättelse på samma sätt som Sagan om ringen kan sägas ha: med härskarringen som behöver förstöras och hur alla handlingar riktas mot detta överordnade mål. Det finns däremot vissa huvudlinjer som är gemensamma för alla karaktärer och gör att de individuella levnadsödena binds samman under någonting allmänt. En sådan huvudlinje är att handlingen när den introduceras i den första boken, eller säsongen, utspelar sig mot bakgrund av ett uppslitande inbördeskrig som utspelade sig 20 år tidigare. Berättelsen om detta inbördeskrig låter oss veta mycket om the Seven Kingdoms, namnet på unionen av riken där handlingen utspelar sig, men den ger oss också information om karaktärerna och vilka värderingar som kommer till uttryck genom berättelsen.

Inbördeskriget gick ut på ett långvarigt missnöje med kungen Aerys Targaryen, också kallad "den galne kungen", och hans sätt att styra landet. Aerys var huvudman för en ätt som styrt landet under århundraden. Aerys vansinne blev värre med åren och det kulminerade med två händelser. 1) han dödade Richard, huvudmannen för den viktiga adelsätten Stark, samt dennes förstfödde son och arvinge Brandon, 2) han tillät sin son Rhaegar att kidnappa Lyanna Stark, som också var trolovad till Robert, huvudmannen för ätten Baratheon.

Robert och Eddard Stark, Richards andra son, höjde sina lansar mot Targaryen-dynastin och drog i processen med sig hela riket i ett uppror som egentligen var mer personligt än vad det var politiskt. Redan i detta läge får vi veta en hel del av berättelsen som kommer att följa med oss under de många böcker och säsonger som utspelar sig efter inledningen. Vi får också en hel del att fundera över, som Sagan om ringen aldrig skulle ge oss anledning att tänka på. Helt enkelt för att Aragon aldrig skulle få för sig att döda två av sina mest uppburna vasaller, som uttryck för tilltagande sinnessjukdom. Det är svårt att tänka sig att Gondor skulle resa sig mot honom på grund av sådana anledningar.

Upprorsfrågan har gäckat europeiska tänkare under väldigt lång tid. När, om någonsin, är det rätt att göra uppror mot en suverän monark? När det kommer till Robert Baratheon och Eddard "Ned" Stark är det uppenbart att de anser att deras personliga skäl är anledning nog att revoltera mot kronan och krossa en dynasti som suttit på tronen under århundraden. Det finns säkerligen många tänkare, exempelvis Thomas Hobbes, eller konservativa som Edmund Burke, som skulle säga att Robert och Ned agerade fel när de höjde vapen mot kronan. De borde ha lämnat sina personliga skäl därhän, accepterat Aerys begränsningar, och insett att ett uppror skulle orsaka djupare problem än vad det skulle lösa.

En dålig kung är ett övergående problem. Ett inbördeskrig kan skapa så djupa sår i ett rike att de kanske aldrig läker. En av de första frågeställningarna som vi får anledning att reflektera över i GOT är alltså den om upproret. Anledningen till att upproret drogs igång beror tveklöst på karaktärerna som drog igång det. Robert är en man med thumos, alltså det som Platon kallade andlig kraftfullhet, och den typen som svarar en förolämpning med en knytnäve i ansiktet. Ned är istället djupt bunden till personliga föreställningar om heder och ära. Men en sak som alla karaktärer i GOT har gemensamt är att de är djupt bundna till familjen.

Upproret blir alltså inte lika mycket en fråga om Roberts temperament, eller Neds heder, även om dessa egenskaper naturligtvis spelar in. Det blir en fråga om familjen kontra staten och därmed en fråga om vilken sfär som är den viktiga. Detta är, som jag ser det, en alltid förmildrande omständighet genom handlingen i GOT: att familjen är viktig. När Robert och Ned drog igång sitt uppror var det för att familjens intressen är viktigare än statens intressen. En mördad far och bror, samt en kidnappad syster och fästmö, är viktigare än att respektera kronans suveränitet. Detta är ett tema som kommer att återkomma gång på gång under böckernas och säsongernas gång. Fler uppror kommer att följa av samma anledningar.

Ytterligare ett perspektiv som kommer till uttryck är det elitistiska. Elitism framstår kanske som en värderande term, men det är inte på det sättet som jag vill använda den i det här sammanhanget. Det jag menar är snarare att handlingen tar sikte på eliten i samhället och att det är de som framstår som de betydande aktörerna. De flesta karaktärerna, de bra såväl som de dåliga, hör till någon av adelsfamiljerna. Det finns ett par tre stycken som bryter mönstret, men de är snarast undantagen som bekräftar regeln. I stort sett alla de betydande karaktärerna kommer från eliten och de konflikter och stora företag som äger rum utgår från elitens behov, intressen och handlingsförmåga.

Detta kan kontrasteras med Joe Abercrombie, författarkollega till George Martin, och upphovsman till en typ av berättelser som på många sätt påminner om Martins. Karaktärerna är komplexa snarare än dualistiska och de är oftast inte några föredömen. Handlingen är hänsynslös och även huvudkaraktärer kan möta sitt öde innan berättelsen är slut. En skillnad är däremot att Abercrombie ofta låter sina bästa karaktärer uppstå ur folket, samtidigt som de som kommer från adeln eller kungafamiljerna påfallande ofta får framstå som korkade, inkompetenta och fega. I Martins berättelse är eliten knappast några dygdemönster, men de kan åtminstone göra anspråk på att vara handlingskraftiga och kunna föra sig krävande situationer.

När handlingen i GOT tar vid pågår någonting som man kalla en generationsöverläming, där generationen som kämpade i inbördeskriget som störtade Targaryen-dynastin håller på att lämna över facklan till sina barn. Ned har exempelvis fem barn, varav åtminstone fyra av dem kommer att spela en betydelsefull roll i handlingen. Han har också Jon Snow i sin vård, som officiellt är hans oäkta son, men som i själva verket har hans syster som mor och Rhaegar som far. Barnen Rob, Sansa, Arya, Bran och Rickon är emellertid hans egna, och de fyra första kommer att spela en stor roll för handlingen. I synnerhet efter att Ned själv dör i slutet av första boken och hans hustru och barnens mor, Cathryn, dör i tredje boken. Båda möter ett våldsamt slut.

Det finns ett perspektiv gällande berättelsen om barnen Stark som jag tycker vara påminnande om framför allt Odyssén. Denna bok handlar om hur Odysseus återvänder till Ithaka, hans kungarike, efter att under många år har krigat för grekernas räkning utanför Trojas portar. Odysseus resa blir så strapatsfylld och innehållsrik och den blir en stor berättelse i sig och det finns någonting med den som jag anser går igenom i berättelsen om barnen Stark. De går nämligen också igenom en resa som börjar med att de lämnar sitt hem, Winterfell, för att färdas till andra platser. Sansa och Arya följer med sin far till huvudstaden, King´s Landing, där han ska tjäna som rådgivare åt sin vän kungen. Pojkarna får anledning att lämna sitt hem vid ett senare tillfälle efter ett förräderi från en tidigare allierad.

I huvudstaden får familjen Stark känna på ett annat förräderi, som slutar med att Ned själv blir avrättad för förräderi. Förmodligen till mångas förvåning. Det man måste tänka på då är att det finns en tendens närvarande i berättelsen som går ut på att handlingen, uppdraget, ska lämnas över till nästa generation, paret Starks barn. Sett till dessa omständigheter är det inte så märkligt att föräldrarna skrivs ut ur handlingen till förmån för barnen. Det öppnar också upp för att Sansa och Arya skickas ut på varsin resa – varsin odyssé, om man så vill – som handlar om att de ska hitta sig själva och någonstans slutligen hitta tillbaka till sitt hem.

Berättelsen slutar också med att de faktiskt kommer tillbaka till Winterfell, efter att ha gått igenom varsin resa som inte står Odysseus efter. Det samma gäller från Bran, som på sitt håll också har varit ute på en resa som först har fört honom från hemmet, och därefter återbördar honom till hemmet. Det finns också en annan beröringspunkt som för tankarna till Odyssén och det är att också barnen Stark måste handskas med en objuden gäst som tagit över föräldrahemmet. Odysseus och hans son måste som bekant köra ut en mindre armé av friare som under tiden Odysseus varit borta försökt gifta sig med hans hustru och ta över hans kungarike. Det slutar med att de tar varsin pilbåge och helt enkelt skjuter ihjäl friarna.

I barnen Starks fall är inkräktaren Ramsey Bolton, som tillhör ett annat adelshus vilket tidigare varit svuret till Stark, men revolterade när de fick chansen i samband med ett annat inbördeskrig. En annan beröringspunkt är att Ramsey gifter sig med Sansa för att kunna ta över det land som sedan länge tillhör ätten Stark. Det sista kraftprovet för alla som bär namnet Stark, blir att slänga ut Ramsey och återta hemmet, vilket man också lyckas med. Det är den här typen av kopplingar som gör att jag alltjämt fascineras av GOT. Det finns utan tvekan kopplingar här till en äldre berättartradition för den som ögon att se dem.

I den första boken ligger fokus någotsånär på ätten Stark och berättelsen om Neds och Cathryns barns återresa till Winterfell är ständigt pågående. Handlingen i GOT är emellertid splittrad mellan ett flertal olika karaktärer och levnadsöden. Om det kan sägas att det finns en huvudkaraktär, vilket inte på något sätt är självklart, så är denna karaktär Daenarys Targaryen. Hon är emellertid så betydelsefull att hon kommer att tillägnas en egen essä. Det finns dock andra adelshus vars karaktär skildras i handlingen: framför allt huset Lannister och i synnerhet syskonen Tyrion, Jaime och Cersei; samt fadern Tywin och den oäkta sonen Joffrey, som officiellt är Roberts, men som egentligen är frukten mellan Jaime och Cersei.

Lannisters är på många sätt Starks motpol. De har sitt fäste i södern, där Starks har det i norr. Och de framstår överlag som avsevärt sämre människor. Äldste sonen Jaime framstår vid handlingens början som oansvarig och självfixerad och han har dessutom ett incestuöst förhållande med systern Cersei.

Cersei framstår å sin sida som närmast mer narcissistisk än vad hennes bror är, och de enda människor som hon verkar bry sig om är sina barn. Tyrion är den mest sympatiska i sin familj och utan tvekan den smartaste av dem, men han är också född som dvärg och hans mor dog när hon födde honom, så hans övriga familj avskyr honom.

Fadern, Tywin, är familjens huvudman och den som tydligast artikulerar den ideologi som jag har redogjort för ovan: att familjen betyder allt. Tywin framstår som en djupt konservativ och anti-individualistisk person som menar att familjen är det som överlever in i framtiden och det enda som man egentligen kan föra med sig. Någonting som han försöker inskärpa i sina barn, men utan att se att det är den hatade sonen Tyrion som är den bäste av hans avkomma. Det är intressant nog denna familjeideologi och tendens att sätta familjens intressen framför alla andra tänkbara, som är med och lägger grunden för nästa inbördeskrig.

Tyrion kidnappas av Cathryn Stark, som gör det för att hon tror att Tyrion är ansvarig för ett mordförsök på hennes son, Bran, och hon sätter allt på spel för att ställa honom till svars. Tyrion är emellertid oskyldig och han använder sin osannolika begåvning för att undkomma fångenskapen. Hans bror Jaime har dock redan hunnit angripa Ned Stark, och nära nog döda honom, i ett försök att få dem att frige Tyrion. När Lannisters sedan fängslar Ned kallar hans son Rob in Starks alla vasaller för att marschera till huvudstaden och frita honom med kraft. När Ned avrättas, efter ett infall från kungen Joffrey, har nordmännen bestämt sig att bryta sig ut ur unionen och återigen etablera ett eget och fristående rike.

Det invänds ibland att motiven som framkommer i GOT är småaktiga och att de inte kan jämföras med de storslagna uppdragen i exempelvis Sagan om ringen. Jag kan mot detta invända att det finns någonting jordnära i dessa konflikter. De handlar om högst verkliga saker som går att känna igen och sympatisera med. I takt med att handlingen fortskrider genom böckerna och säsongerna sätts fingret återigen på den smärtpunkt som är det partikulära kontra det allmänna och vilken som bör prioriteras i händelse av en konflikt. Det är intressant att kunna konstatera att även vid det andra inbördeskriget, som kommer att bli minst lika omvälvande som det första, så ligger lojaliteten alltid hos familjen snarare än hos staten och det man kan kalla det allmänna bästa.

Det har inte alltid varit enkelt att göra GOT:s politiska inriktning begriplig. Det finns djupt reaktionära drag som präglar handlingen och som borde vara svåra att smälta för den som identifierar sig med en progressiv ideologi. Att stå upp för familjens och fosterlandets intressen framför andra värden borde inte resonera väl med den här typen av människor. Samtidigt har GOT i takt med att berättelsen fortskridit vunnit gehör också bland människor med en mer progressiv och vänsterinriktad agenda. En anledning till det är förmodligen att det finns ett omfattande karaktärsgalleri med kvinnor som spelar en betydelsefull roll för handlingen. Både som krigare och som härskare.

Daenerys Targaryen har exempelvis blivit en feministikon för en hel generation. Hon är också den enda karaktären som inte har en djupt reaktionär agenda. Jag tar upp detta i en annan essä, men det som allt mer kommer att stå på hennes agenda är att befria de förtryckta folken i slavstäderna som hon reser igenom. Det kan inte riktigt jämföras med att vilja bryta ut sitt land från en union eftersom man inte längre kan komma överens med kungen som leder unionen. Eller att sätta allt på spel för att försvara sin familjs intressen.

En av mina favorittänkare är Niccolo Machiavelli. Anledningen är att han skrev om politiken som den är och inte som den borde vara. Helt naturligt finns det de som anser att denna beskrivning är otillräcklig, och dessa kanske snarast söker efter någonting som kan ge riktlinjer om hur man ska agera inom politiken? De vill inte läsa om hur furstar är, utan de söker efter de värden som kan peka ut en bättre riktning och förändra världen. Det samma gäller inom kulturen. De vill inte läsa en realistisk berättelse om allt annat än perfekta kungar och krigare, utan snarare idealiserade karaktärer som kan erbjuda en kontrast i förhållande till vår allt annat än perfekta värld.

g ställer mig bakom båda dessa kulturer. Men det är någonting med elitismen, cynismen och det
aktionära i GOT som tilltalar mig på ett personligt plan. Ett sätt att hantera vår allt annat än perfekta
rklighet är att ta del av den på scen, eller i text, och möta den i dramatiserad form. Och framför allt
se att allting inte måste läsas normativt. Att många karaktärer i GOT är skissade som cyniska,
ekfulla, våldsamma eller degenererade är ingen anledning att se det som att det är någonting vi är
enade att ta efter. Lika lite som Machiavellis beskrivningar av det politiska spelet är menade att vara
ormativa.

et ska inte heller glömmas bort att komplexitet faktiskt innebär att både det goda och det onda, det
a och det dåliga, fortfarande finns representerat. Samt en hel del som handlar om makt snarare än
ott eller ont. Det finns emellertid en scen som kommer upp i den första boken, men i tv-serien
ildras först senare, och den handlar om hur Ned och hans vänner rider upp till The Tower of Joy, dit
haegar har fört hans syster Lyanna. För att vakta Lyanna har Rhaegar lämnat kvar tre riddare, Ser
rthur Dwayne, Ser Gerold Hightower och Ser Oswald Wendt, alla tre är adelsmän och svurna till the
ingsguard, elitstyrkan som skyddar kungen.

cenen tar formen av en dialog mellan Ned och de tre edsvurna. Ned frågar var de har varit under hela
rigets gång. Det har varit strider på många håll, men han har inte sett dem. De var inte ens där för att
ydda sin prins under slaget där han stupade, när han gick en invig mot upprorsmakaren Robert
aratheon. Anledningen är att de lydde hans order och var stationerade vid the Tower of Joy och
aktade Lyanna. Nu står de där, Ned och hans följe om sex kamrater, och de tre medlemmarna av the
ingsguard. Och som Ser Gerold Hightower slår fast: the Kingsguard flyr inte. Kriget är förlorat men
e är ändå beredda att dö för sin prins.

et är scener som dessa som gör att man inte bör döma ut GOT helt och hållet, ens på normativa
runder. För även om det finns mycket som man kan och bör ifrågasätta utifrån ett normativt
erspektiv, så finns det ändå exempel på total heder och ära som kan balansera upp det som är dåligt
ch klandervärt. Det är möjligt att GOT bitvis kan vara svår att inrymma under kategorin
högerkultur", men det är inte helt otänkbart. Realism ska inte avfärdas utan vidare. Och det finns
llräckligt mycket upphöjande av heder och ära för att serien inte ska betraktas som helt förlorad.

I Drakens Tecken. Om Daenerys Targaryen

De kan leva i min nya värld, eller så kan de dö i sin gamla.

- Daenerys Targaryen

George RR Martins fantasyepos A Song of Ice and Fire (ASOIAF) – också känd som Game of Thrones i den tv-sända versionen – är på flera sätt ett av de mest högervridna verken skrivna i modern tid. Det är ofta fallet att de karaktärer som kan sägas ha någon form av högre motiv påfallande ofta kan placeras på högerkanten snarare än hos vänstern. Det är givet att många karaktärer i en berättelse som denna drivs av något lägre motiv, exempelvis girighet, rädsla, ilska, osv. Men många karaktärer kan placeras i en högre värdesfär.

Vi kan exempelvis nämna Ned Stark som ett exempel på detta. Ned är huvudman för huset Stark, en av de mer betydelsefulla adelsfamiljerna i the Seven Kingdoms, riket där merparten av handlingen utspelar sig. Ned är mer än någonting annat karakteriserad för sin starka känsla för ära och plikt; värden som betyder så mycket för honom att han är beredd att ge sitt liv för honom. Men mest av allt betyder hans fru och barn, och för dem är han beredd att riskera allt. Vi kanske också nämna Oberyn Martell, som jag också skrivit om i min essä "Hämndens rus. Han är fixerad vid att hämnas sin syster och systerbarn som dödades av den fruktade riddaren Gregor Clegane. Denna fixering att hämnas sin familj driver honom till oerhörd fara.

Det finns flera andra karaktärer som skulle kunna nämnas. Men dessa två är tillräckliga för att illustrera vad det kan handla om när karaktärer i ASOIAF kan inplaceras i en högre värdesfär. De kan kämpa för heder, ära, hämnd eller makt. De kan göra det för sig själva, eller för sin herre, men det mest typiska är att de gör det för sin familj. De kan också kämpa för sitt lands frihet och för att det ska slippa ge tribut till en främmande härskare. Vad de däremot sällan eller aldrig kämpar för är saker som jämlikhet, marknader, mångfald, tolerans eller några av de vänsterorienterade värden som är på modet i vår tid.

Karaktärerna i ASOIAF är, om de har några värden alls, konservativa, nationalistiska, reaktionära, tribalistiska, och väldigt otidsenliga i största allmänhet. Det finns emellertid ett noterbart undantag och detta undantag är Daenerys Targaryen. Det intressanta med Daenerys är att hon är en vänsterorienterad karaktär som befinner sig i en alltigenom reaktionär värld. Av alla betydande karaktärer i berättelsen är hon den enda som kämpar för jämlikhet och frihet och den enda som kan beskrivas som förespråkandes radikala ideologier. Man kan därför tycka att hon borde porträtteras som en genuin hjältinna, men så är inte fallet. På flera sätt är hon porträttad som lika brutal som Trotskij eller Lenin i sina metoder. Hon är en av seriens definitiva huvudpersoner och i hennes handlingslinje får vi se hur hon går från en ung och rädd flicka till en kraftfull politisk ledare.

En viktig del av berättelsen är att huset Targaryen under flera århundraden styrde the Seven Kingdoms, men störtades från tronen efter ett uppror inom adeln. Daenerys far, Aerys, dödades av sin egen livvakt och Daenerys samt hennes bror Viserys blev tvungna att fly till den östra kontinenten Essos för ett nytt liv där. Targaryens har alltid haft ett särskilt förhållande till drakar, kanske framför allt eftersom det var med drakar som de erövrade the Seven Kingdoms till att börja med. Den viktigaste medlemmen i Targaryen-familjen brukar refereras till som "the Dragon".

I början av berättelsen ser inte Daenerys ut att vara så mycket för världen; hon är definitivt inte Targaryens huvudman. Faktum är att hon blir såld till en lokal krigsherre av sin lömske bror som vill säkra hans armé för att återta the Seven Kingdoms för familjens räkning. Daenerys får således, utan att ha något att säga om saken, finna sig i att bli gift med den våldsamme krigsherren Drogo som leder en armé av Dothraki, ett nomadfolk som lever på hästryggen, med sina pilbågar, och lever på att plundra och skövla. De ärar styrka och föraktar svaghet. Man kan jämföra det med att gifta bort en ung flicka från det franska kungahuset med Gengis Khan.

Denna händelse visar sig på sikt vara ett lyckokast. Den blir ett steg ut ur helvetet och in till purgatorium. Daenerys lär sig att använda sin kvinnliga charm för att vinna Drogos gunst och hon får ett mått av inflytande som hans khaleesi (motsvarande drottning). Vid en punkt i berättelsen skadas Drogo i en duell, som han utkämpade för att skydda hennes ära, efter att hon vägrade en av Drogos krigare han rättmätiga byte efter en räd. En av kvinnorna som Daenerys räddat undan att bli våldtagen erbjuder sina läkekonster som tack för hjälpen. Drogo är tveksam, men Daenerys övertalar honom att acceptera.

Drogo skulle lyssnat på sin magkänsla eftersom den synbara läkaren visar sig vara en demon i förklädnad. Hon har förgiftat Drogo för att hämnas sin nedbrända by och alla människor som dödades under attacken. När Drogo dör förlorar Daenerys det liv som hon tidigare åtnjutit som hans khaleesi. De bygger ett begravningsbål för Drogo och när det börjar flamma bestämmer sig Daenerys för att följa med sin make i efterlivet. Hon går in i elden tillsammans med tre drakägg som hon fick i bröllopspresent. Detta är en fantastisk scen, en av de bästa i filmatiseringen.

När flammorna dör ut vandrar Daenerys ut ur askan, helt orörd, och med tre drakar som flyger runt henne. Det är nödvändigt att betrakta denna scen ur ett symboliskt hänseende. Vad den representerar är att Daenerys gamla liv bränns bort. För att låna en term från Aristoteles så genomgår hon katharsis och hennes gamla svagheter och brister försvinner med lågorna. Hon blir den hon egentligen är: en drake. Efter detta gör hon det enda rimliga för en karaktär i denna berättelse, hon ger sig ut på en resa för att återta sin faders tron och hämnas de som begått ont mot huset Targaryen. The Seven Kingdoms ska tillbaka under Targaryen-styre och alla som motsätter sig ska mötas med eld och blod.

Detta är åtminstone den ambition som en typisk ASOIAF-karaktär borde ha; ett grundläggande behov av att återta sin faders kungarike. Daenerys lägger emellertid denna ambition åt sidan för att fullfölja andra intressen. Anledningen till det är att Daenerys, innerst inne, är en vänsterorienterad person snarare än typisk karaktär i denna berättelse. Hon hittar snabbt nya uppdrag längs med vägen och det huvudsakliga blir att befria de förtryckta och krossa den gamla ordningen. I synnerhet när hon kommer till regionen som är känd som "Slavers Bay".

Här händer två saker i handlingen. För det första, Daenerys påbörjar sitt uppdrag att befria slavarna i regionen och ett försök att upplösa den sociala ordningen som finns där och framför allt förlitar sig på slaveri som praktik. För det andra, Daenerys utvecklas snabbt till att bli en brutal karaktär i ett karaktärsgalleri som mest består av brutala karaktärer. Det börjar med att hon kommer till staden Astapor, en stad som drivs av slavhandlare, och där hon får ett erbjudande om att köpa en stor armé av synnerligen skickliga slavkrigare. Dessa krigare kallas "unsullied" och är en udda typ av krigare som kastrerats i unga år och därför tränats till gränslös lydnad och till överlägsna stridsfärdigheter.

Daenerys erbjuds att köpa en armé omfattande åtta tusen dylika krigare, men hon kan inte betala priset för dem. Istället erbjuder hon att ge dem en av sina drakar och de är snara att acceptera. Det hela är dock en bluff och när Daenerys får spiran som indikerar kontroll i sin hand, så beordrar hon sin nya armé att döda sin gamla mästare, alla av dem. En order de följer direkt. Detta är Daenerys första dåd i kampen för de förtryckta, men inte den sista.

Lika minnesvärt är erövringen av Mereen, en centralpunkt för slavhandel i regionen. Mästarna har förutsett att hon ska komma och lämnat en död slav varje engelsk mil längs med vägen. När Daenerys intar staden avrättar hon ett stort antal av stadens härskare med samma metod, utan att ta hänsyn till om de var med på de tidigare grymheterna eller inte. Daenerys kommer med ett kraftfullt citat som är återgett i början av denna essä: de kan leva i min nya värld, eller så kan de dö i min gamla.

Daenerys har lagt sina revanschistiska planer på is för tillfället. Det är intressant att notera hur hennes motiv antar en mer ideologisk form och börjar handla om ett krig för frigörelse och jämlikhet. Detta är väldigt otypiskt för denna berättelse i vilken de flesta kämpar för sina egna privilegier eller för att vinna nya åt sig själva. Daenerys är den enda som kämpar för att bryta ner en social ordning och är beredd att döda de som motsätter sig hennes ideologiska ambitioner.

Alla slavar befrias och de som ägt slavar blir dödade av sin tidigare egendom. Daenerys skapar genom sina belägringar en oerhörd misär i regionen. Detta skildras betydligt mer intensivt i boken än vad det gör i serien. I boken bryter hela regionen samman när Daenerys försöker etablera sin nya ordning på den gamla ordningens ruiner. Den revolutionära politiken införs med eld och blod på den reaktionära och hierarkiska världen.

Det intressanta här är att Daenerys – trots att hon är den enda karaktären med ett modernt sinnelag – inte egentligen glorifieras. Hon är snarare framställd som grym, opålitlig, fanatisk och allmänt svår att ha att göra med. Det finns en intressant scen i vilken hon får höra om att resterna av den gamla regimen i en av städerna hon kontrollerar har gjort uppror. Hon skickar omedelbart iväg en order om att alla som kan knytas till den gamla ordningen ska dödas. Det är bara i sista sekunden som en av hennes mer rimliga rådgivare lyckas avstyra det hela.

George RR Martin spelar, omedvetet eller medvetet, ett spel om värderingar när han berättar historien om Daenerys Targaryen eftersom hon är skildrad med ett modernt sinnelag. En vilja att befria de förtryckta, en ambition att förstöra den gamla ordningen och en vision om universellt syskonskap. På samma gång kan hennes karaktär liknas med brutala personer som Stalin eller Lenin. Hon är grym, fanatisk, opålitlig, och inte särskilt trevlig. Det finns alltså en dekonstruktiv underton i berättelsen eftersom den berättar om när de moderna värderingarna införs på samhället av den äkta draken.

Den högervridne hjälten. Om Rorschach

Walter Kovacs - också känd som Rorschach - är den mest högervridne superhjälte som någonsin har skildrats i en grafisk novell eller på vita duken. Rorschach skapades ursprungligen av Alan Moore som gav honom rollen som protagonist i den grafiska novellen *Watchmen*. Senare gjorde regissören Zack Snyder berättelsen tillgänglig för en större publik genom en film med samma namn. *Watchmen* är på många sätt en unik hjälteberättelse i betydelsen att den i hög grad saknar den typ av fantastiska inslag som utmärker många berättelser inom samma genre. Så långt som hjältehistorier kan sägas vara realistiska är *Watchmen* en av få som i någon utsträckning kan göra detta anspråk. Kanske allra mest utmärkande är dock de starka politiska undertonerna som genomsyrar handlingen.

Watchmen utspelar sig i ett alternativt universum som är uppbyggd på en omberättad version av nittonhundratalet. Många viktiga händelser som ägde rum under nittonhundratalet återkommer, men är berättade på ett lite annat sätt än vad som ägde rum i verkligheten. Exempelvis får vi veta vem det egentligen var som mördade John F Kennedy och USA vinner kriget om Vietnam. Men annars är scensättningen snarlik det faktiska nittonhundratalet; med kalla krigets symmetrier och faror som en fond till den övriga handlingen. Handlingen kretsar runt två teman, dels kalla kriget, och dels att en okänd mördare går runt och dödar före detta superhjältar.

En viktig del av handlingen är att maskerade rättskipare har blivit förbjudna under Richard Nixons presidentskap. Vid något tillfälle började de vanliga medborgarna ställa sig frågan, "Who watches the Watchmen?". Staten insåg att den inte hade någon kontroll över de maskerade lagväktarna och således blev det enligt lag förbjudet att bära en mask och upprätthålla lagen utan anställning vid poliskåren. Så gott som alla av de tidigare superhjältarna är "före detta" när handlingen kommer igång och de framlever lugna men tråkiga liv som vanliga medborgare. Ledigheten har inte förädlad dem på något sätt utan snarare har de flesta gått ner sig ganska ordentligt.

Emellertid finns det en maskerad hämnare som vägrar att ge upp: Rorschach. Det som gör Rorschach unik är att han är helt i avsaknad av liberala personlighetsdrag och humanistiska värderingar. Vår kultur är i hög grad både liberal och humanistisk och det är inte förvånande att hjälten i berättelsen, som ska ge den goda sidan ett ansikte, utrustas med värderingar som anses bra och sympatiska. Till skillnad från många av sina kollegor är Rorschach en anti-humanist som är extremt hårdkokt och beskriven i ideologiska termer är det bara rättvist att kalla honom ultrakonservativ. Med andra ord är Rorschach en hjälte som befinner sig långt ut på höger- snarare än vänsterkanten.

Det är intressant att notera att Rorschach av samhället är betraktad som en brottsling eftersom att han bryter mot maskeringsförbudet och fortsätter att agera mot brottslighet på egen hand och med egna metoder. Så vi har den märkliga situationen att karaktären som presenteras som filmens hjälte genom handlingens gång är en eftersökt brottsling som vid ett tillfälle hamnar i fängelse. Det är en paradoxal situation som återkommer i andra berättelser (exempelvis Marvels "The Punisher) där det kliver fram en rättskipare som är för hård för att systemet ska kunna tolerera honom. Detta trots att en karaktär av det här slaget aldrig egentligen är kriminell och att samhället snarare tjänar än förlorar på att han bedriver sin kamp mot kriminaliteten.

Rorschacs konservativa och anti-liberala hållning är inte bara antydd utan uttalas många gånger genom filmens gång. Citatet i den här artikelns början sägs av Rorschacs i början av filmen och sätter redan från starten tonen för vilka Rorschach ser som sina ideologiska motståndare och vad han tycker om dem. Att Rorschach har en uttalad fientlighet mot kommunister och liberaler lägger nivån på handlingen några steg över att bara klä upp sig i mask och trenchcoat för att klå upp stadens kriminella underklass. Det är tydligt vilka aktörer inom etablissemanget som Rorschach anser bär ansvaret för att samhället som han bor i är på nedgång.

Vid ett tillfälle blir Rorschach gripen av polisen, arresterad, och förd till ett fängelse för att sitta av sin tid. Väl där får Rorschach träffa en psykiatriker som ska utreda om Rorschach är mentalt sjuk och borde låsas in på mentalsjukhus snarare än ett fängelse. Det är ett intressant grepp på situationen att Rorschach – som alltså ägnar sitt liv att bekämpa brottslighet – betraktas som en psykiskt sjuk person som är i behov av samtalsterapi för att förändra sitt liv. Men eftersom handlingen inte är berättad från vänsterns perspektiv är utgångspunkten i novellen/filmen att det inte är Rorschach som är problemet i sammanhanget. Rorschach talar om för sin tillordnade psykiatriker att han inte gillar honom. Varför? Blir motfrågan? Rorschach säger: Because you are fat, wealthy, with liberal sensibilities.

Rorschach är på en psykologisk nivå berättad som en extremist i sina värderingar och sina handlingar. Han är helt och hållet oförmögen att kompromissa, vika ner sig, eller på något sätt ge efter för påtryckningar. Så det är inte förvånande att han talar om för psykiatrikern vad han verkligen tycker om människor som honom. Det som verkligen är intressant är att handlingen står helt och hållet på Rorschacs sida mot den liberala och humanistiska bilden av verkligheten. För en liberal humanist är det Rorschach som gör fel när han är ute och straffar kriminella istället för att försöka förstå dem och anledningarna bakom deras agerande.

I filmen visas därefter en scen från Rorschacs tidigare karriär och berättar om den händelse som skapade Rorschach och trängde undan Walter Kovacs. Rorschach utredde ett brott, en liten flickas försvinnande, och spårade offer och gärningsman till ett hus i ett sjaskigt slumområde. Där gör Rorschach den makabra upptäckten att gärningsmannen har mördat flickan och gjort sig av med kroppen genom att ge den till sina hundar. Rorschach ser svart och tar upp en köttkniv som finns till hands. Mördaren blir riktigt rädd och vädjar om ett han är sjuk, behöver hjälp och borde låsas in. All medkänsla har runnit ur Rorschach och de sista orden mördaren får höra är att människor låses in, odjur avlivar man, innan Rorschach slår köttkniven i hans huvud.

Detta är en brutal och obehaglig scen på alla tänkbara sätt. Kanske den mest brutala i hela filmen. Poängen med scenen är dock inte att presentera mordhandlingarna som någon sorts pervers underhållning i sig. Poängen är istället att visa vilken typ av verklighet som ligger till grund för Rorschachs mentalitet och Rorschacs mentalitet är, om än något tillspetsad, den hos en konservativ som agerar mot det onda snarare än att sitta vad sidan om och försöka förstå det från ett distanserat akademiskt och konstlat empatiskt perspektiv. Och handlingen är som sagt på Rorschacs sida och gör att det är han som framstår som den rättmätige, vredgade hämnaren, och psykiatrikern som en plufsig åskådare som kan observera det hela från den trygga zon som människor likt Rorschach till syvende och sist skapar åt honom och hans gelikar.

Företagsledaren och forna superhjälten Adrian Veidt är den verkliga boven i dramat under hela handlingens gång och det intressanta med honom är att han är vad Rorschach inte är: en liberal humanist och utilitarist. Veidts plan är att genom ett attentat av fruktansvärda proportioner ena hela världen bakom en gemensam fiende. Idén är att skylla allting på Dr. Manhattan, som är den enda karaktären i berättelsen som har vad som vanligtvis brukar kallas superkrafter. Allting i handlingen bygger upp till punkten där Veidt genom sitt attentat dödar miljontals människor för att i förlängningen rädda miljarder. Dessutom har ett okänt antal människor dödats eller fått sina liv förstörda för att möjliggöra genomförandet av planen.

Om Rorschach är konservativ är Veidts värdegrund definitivt vänsterliberal kryddad med en utilitaristisk konsekvensetik. Utilitarismen är idén om att de fleras behov alltid måste gå före de färres och att en handling kan rättfärdigas bara när den följer den här logiken. Till skillnad från Rorschach som anser att människor är odjur som måste huggas ner med slaktkniv om det är nödvändigt, tror Veidt att det som är dåligt med världen beror på brister i systemet. I sin analys av kalla kriget är Veidts uppfattning att den verkliga orsaken till konflikten är en rädsla för resursbrist. Således försöker Veidt tillsammans med Dr. Manhattan skapa en maskin som kan producera oändligt med energi, vilket dock inte lyckas.

idts vänsterliberala idéer leder honom fram till att världen kan bli bättre om vi bara kan få
nniskor att enas kring någonting, mot någonting annat. Det kommer att krävas ett dåd av episka
)portioner för att få det att hända – miljoner människor kommer att mördas kallblodigt – och Veidt
beredd att betala priset. Det ska sägas att *Watchmen* inte tecknar handlingen i svart och vitt och att
t egentligen är svårt att säga vem som är ond och vem som är god, om någon. Men vad som är
ldigt tydlig är att Rorschach är hjälten och att Veidt är skurken, trots att Rorschach är en reaktionär
tsider och Veidt är en vänsterliberal mångmiljardär.

atchmen är en fantastiskt välberättad historia med många intressanta infallsvinklar – både som
afisk novell och film – utan att man sätter fingret på de politiska undertonerna som finns med i
ndlingen. Men onekligen är det intressant att en inflytelserik berättelse, skapad inom ramarna för en
)eral kultur, vänder på perspektiven och gör en reaktionär hämnare till hjälte och en liberal
rldsförbättrare till skurk.

Driven av demoner. Om Arkham Asylum

I den grafiska novellen *Batman: Arkham Asylum* har, som det populära uttrycket säger, galningarna tagit över dårhuset och håller institutionens mentalvårdare som gisslan. Föga förvånande är det Batmans ärkefiende the Joker som håller i trådarna och tar kommandot när de intagna tar över institutionen. Det ställs som krav att Batman ska bege sig till mentalsjukhuset, utan sällskap, under h att om detta krav inte infrias kommer gisslan att börja avrättas. Batman har inget val förutom att beg sig till drakens näste för att konfrontera inte bara demonerna som håller Arkham i sitt grepp, utan äve sina egna mörka sidor.

Arkham Asylum är i berättelsen ett mentalsjukhus med rättspsykiatrisk inriktning. En utgångspunkt i beskrivningen av kriminella i Batman-mytologin är att de är psykiskt sjuka och att deras beteende ka förklaras genom psykiatriska diagnoser. Det är ett ständigt återkommande mönster i den här berättelsen att Batman, efter att han gripit en brottsling på bar gärning, överlämnar honom till psykiatrin för behandling.

Användningen av psykisk ohälsa som koncept är ett av dragen som gör berättarformen i Batman unik Till skillnad från de allra flesta hjältesagor befinner sig skurkarna i Batman i en slags moralisk gråzo eftersom så gott som alla av dem på ett eller annat sätt inte är vid sina sinnens fulla bruk. Det gör berättelsen komplicerad eftersom det finns ett underförstått antagande om att skurkarna inte riktigt ka hållas ansvariga för sina handlingar, och att de kan botas förutsatt att de genomgår rätt behandling. D är onekligen ett unikt drag för just den här berättelsen att Batman, efter att han har besegrat sin motståndare, släpar med denne till ett mentalsjukhus för grovt kriminella.

Psykisk ohälsa som orsak för kriminalitet gör diskusionen om skuld och ansvar mer komplicerad än vad den annars brukar vara. Det är enkelt att fälla dom över en person som kallblodigt har skjutit ihjä en annan människa eftersom att han vill komma åt dennes plånbok och klocka. Däremot inte lika enkelt när en person begår samma handling men av anledningen att personen ifråga tror sig höra Jesu tala om att den här människan måste dö. I de allra flesta serier är etiken klar och tydlig. I Batman är den aningen grumlad eftersom idén om att skurkarna inte är riktigt mentalt friska leder till att de inte kan kontrollera sina handlingar.

När Batman anländer till Arkham har the Joker redan låtit större delen av gisslan lämna lokalen. Kvar är emellertid några personer ur personalen som anser att de har ett ansvar emot sina patienter att stann kvar och övervaka situationen. Batman och sjukhuspersonalen blir språkrör för olika uppfattningar on vilken inställning som man ska ha till patienterna, vilka visserligen inte är riktigt krya men som ändå har begått fruktansvärda handlingar. Behandlarna har ett blandat akademiskt och naivt empatiskt perspektiv på sina patienter, där de verkar glömma bort vad de har begått för brott och vad de kan beg för brott i framtiden om givna möjligheten. Batman har vad vi på svenska skulle kalla ett brottsofferperspektiv och är inte intresserad av att försöka "förstå" de kriminella, bara se till att de hålls inlåsta.

Författaren Grant Morrison har gjort ett mästerligt arbete med att konstruera diagnoser för flera av skurkarna. Det ger ett djup till berättelsen då läsaren kommer närmare en karaktär genom att bekanta sig med dennes speciella form av vansinne. Karaktären Harvey "Two Face" Dent är känd för den stora publiken genom medverkan i Batman-filmen *The Dark Knight*. Dent är den tidigare åklagaren som får ena halvan av sitt ansikte förstört när en gangster skvätter syra på honom under pågående rättegång. Samtidigt som Dents ansikte delas så klyvs också Dents personlighet i två delar, där en är mer mänsklig än den andra. För att hantera detta så bär Dent alltid med sig ett mynt varje gång han måste fatta ett beslut som kräver ett etiskt ställningstagande.

Arkhams psykiatriker försöker i berättelsen bota Dent genom att istället ge honom en tärning, så att han kan fatta sex beslut istället för två. Efter det tar de bort tärningen och ger honom en tarot-kortlek så att han kan fatta 78 beslut, som ett sätt att utöka hans valmöjligheter till dess att hans tvångssyndrom kan övervinnas. Behandlingen är emellertid föga framgångsrik eftersom Dents personlighet inte kan hantera att ha så många valmöjligheter. I början av berättelsen hittar Batman honom sittande under ett bord, efter att ha urinerat ner sig själv, eftersom att han inte kan komma till ett beslut över om han ska gå på toaletten eller inte.

Intressant nog kritiserar Batman vid det tillfället behandlarna för att de har slagit Dents personlighet i bitar och gjort honom till ett vrak. Deras svar blir att man för att bygga upp någonting måste riva ner det föregående och att Dents personlighet måste genomgå en kreativ förstörelse för att återvinna sin hälsa. Det finns flera sådana scener i novellen som ger intrycket att berättelsen inte bara är en hjältesaga utan också en kritik och satir på psykiatrin. Behandlarna är kritiserbara när de pendlar mellan att vara lite väl förstående angående sina patienter till att använda dem för psykologiska experiment och arbeta på deras personligheter.

The Joker har också en intressant diagnos. Men den är egentligen motsatsen till galenskap. Idén som introduceras i berättelsen är nämligen att the Joker har ett neurologiskt tillstånd som kallas "super sanity", vilket betyder att det inte finns några filter mellan honom och verkligheten. All erfarenhet och alla intryck sköljer över honom hela tiden och hans enda sätt för att hantera flödet är att hela enkelt följa med i det. I motsats till hans medpatienter som har psykiska problem i bemärkelsen att de har vänt sig bort från verkligheten, så befinner sig the Joker hela tiden mitt i verkligheten utan att kunna filtrera bort den. Han har egentligen ingen egen personlighet utan skapar sig själv i varje ögonblick.

Emellertid är inte Batman heller helt frisk, eller åtminstone fruktar han att han inte är det. Batman hör till de allra mörkaste hjältarna i vår kultur och han är utan tvekan en av de mest tragiska. Precis innan han vandrar genom portarna till Arkham tvekar han och ger uttryck för sin fruktan att han ska kliva in genom dörren och känna sig som hemma. Det ska dock poängteras att det åtminstone tyder på någon sundhet att i alla fall ifrågasätta hur rationellt det är att klä ut sig till en fladdermus och jaga bovar om nätterna. Så Batman måste med andra ord övervinna både de yttre och inre demonerna. I hög grad är det fallet att han övervinner sina inre demoner när han vinner sina strider mot de yttre.

Batman är på the Jokers order inlåst på Arkham tillsammans med några av sina värsta fiender, så det saknas inte motståndare att mäta sig mot. Och det är som att Batman varje gång han övervinner någon av sina fiender också övervinner någon del av sig själv. Det är ett tema som inte är otypiskt för Batman. Christopher Nolans filmatisering av Batman-myten behandlade också hur Batman övervinner sig själv genom att övervinna sina yttre fiender. Att handlingen utspelar sig på ett mentalsjukhus och betraktas genom Dave McKeans kusligt skickliga illustrationer förstärker emellertid intrycket att striden utspelar sig inuti Batmans huvud lika mycket som på mentalsjukhuset. Arkham kan till och med ses som en analogi till Batmans psyke.

Genom panelerna, vilka är som film på papper, ser vi Batman ta sig an den ena efter den andra av sina fiender och hur han besegrar dem. I slutändan kan Batman bege sig ut genom Arkhams portar segerrik, obesegrad och betydligt starkare än när han, inte utan rädsla, klev in genom dem. Batman hade ingen aning om han skulle klara av utmaningen eller om han skulle duka under av trycket. Men det gör han. Och han visar sig vara starkare än sina fiender, starkare än Arkham och starkare än sina egna demoner.

Friedrich Nietzsche – som själv slutade som psykiskt sjuk – hade en idé om att hälsa inte är lika mycket frånvaron av sjukdom som det är övervinnandet av sjukdom. Sann hälsa är med andra ord förmågan till självöverkommande och att bryta ner sina fysiska och själsliga åkommor.

Min uppfattning är att kärnan i *Arkham Asylum* är Batmans väg till självöverkommande och att historien bygger på vissa filosofiska teman som, medvetet eller omedvetet, är hämtade från Nietzsche. Kärnan i berättelsen är att övervinnande måste ske genom smärta och strävan. För att använda Nietzsches kända slogan: det som inte dödar, det härdar. Eller för att använda en nordisk symbol för hur kunskap vinns genom lidande; Oden som hänger upp och när från världsträdet under nio dagar – genomborrad av ett spjut – som ett offer för att vinna kunskap.

Arkham Asylum går bortom att handla om en utklädd superhjälte som pucklar på superskurkar i sjukhusmiljö. Den handlar om självöverkommande, eller försök till självöverkommande, i ett sammanhang där fienden inte är lika mycket en enskild person som den är någonting betydligt värre: Vansinne och utsikten att inte längre vara herre över sig själv. Hela tiden finns möjligheten antingen till tragik eller heroism eftersom utgången av striden inte på något sätt är given. Det finns ingenting som säger att självöverkommandet behöver lyckas i förhållande till det som ska besegras. Men det är ingen anledning att inte sätta hårt mot hårt.

Den verkliga betydelsen av den här berättelsen är att avgrunden ska akta sig för att alltför länge stirra in i dig, eftersom du tids nog stirrar tillbaka in i den.

Ökenkrig för nationell frihet. Om Dune

Den 16:e september 2021 hände någonting sensationellt i filmvärlden. Då ägde nämligen rum en nypremiär av science fiction-äventyret Dune; filmen som är baserad på Frank Herberts majestätiska bok med samma namn. Dune filmatiserades redan 1984 av David Lynch. Den brukar tyvärr inte räknas till hans mest lyckade filmer. När DN:s recensent kommenterade nylanseringen var kritiken mot Lynch prestation ytterst skarp och nedlåtande. Så hårda ord är dock för mycket sagt. Lynch version av Dune är vad man kan kalla ett "bristfälligt mästerverk" i meningen att den innehåller inslag av briljans såväl som skönhetsfläckar.

Dune är en lysande historia som tyvärr aldrig har fått det berättarmässiga genomslag som handlingen och dess idéer egentligen förtjänar. Vad gäller Lynch finns som sagts välförtjänt kritik som låter sig framföras. Men också vad gäller Herberts förmåga som berättare finns invändningar som infinner sig vid läsning. Herberts styrka är inte som berättare och boken är därför inte särskilt underhållande. Det kanske låter som småaktig kritik mot ett praktverk som med all rätt kan sägas vara en idédriven bildningsroman. En bok kan emellertid vara aldrig så begåvad, aldrig så genomsyrad av tankegods, för om den inte är medryckande blir läsningen tung och risken finns att den inte kommer att avslutas.

Därför var det glädjande när den nya versionen, regisserad av Denis Villeneuve, visade sig överträffa alla förväntningar. När det kommer till handlingen och hur man valt att lägga upp berättarnarrativet har den i allt väsentligt förblivit trogen sättet som Lynch valde att göra det på. Emellertid med den klara förbättringen att den ofrivilliga 80-talskomiken är utmönstrad. Eftersom Villeneuves version är cirka en timme längre finns det dessutom gott om tid att berätta denna historia och ge Dune utrymmet som den förtjänar. En kritisk invändning som kan anföras gällande Lynch version är att tempot är för högt och att handlingen därför inte kommer till sin rätt.

Något bör sägas om Dune för att rama in handlingen. Tematiskt är det en blandning av science fiction och fantasy. Den utspelar sig i en föreställd framtid, men mystik spelar en lika stor roll som teknik. Den tekniska utvecklingen har dessutom gått så långt att olika vapensystem börjat ta ut varandra och krigarna föredrar därför att slåss med kniv eller med svärd. Det politiska systemet är feodalism med ett antal starka adelshus som ingår i ett system där navet är en kejsare. Denne är emellertid ingen enväldig despot med obegränsad makt, utan han måste tvärtom förhålla sig till den betydelsefulla adeln. Det tycks därför rimligt att tala om ett samhälle som följer medeltidens politiska och sociala mönster, men med avancerad teknologi som materiell grundförutsättning.

Huvudlinjen i denna berättelse följer den unge aristokraten Paul Atreides som tillsammans med sin familj lämnar hemvärlden Caladan för den ogästvänliga planeten Arrakkis, vilken kallas Dune i folkmun. De åker dit på kejserligt uppdrag för att överta förvaltarskapet från den konkurrerande adelsfamiljen Harkonnen. Det går att säga att det är de två familjerna som utgör spänningspolerna som ger handlingen merparten av sin energi. Konflikten dem emellan ställer också upp scenen för vilka ideal det är som ska stå mot varandra. Atreides och Harkonnen representerar fundamentalt olika inställningar till världen och hur man ska förhålla sig till den.

Atreides är ridderliga i ordets allra bästa bemärkelse. De styr hemvärlden Caladan med mild hand och inspirerar sådan lojalitet bland befolkningen att Pauls far – hertigen Leto och hans älskarinna, Jessica – betraktas som far och mor till sina undersåtar. Det rör sig med andra ord om en patriarkal samhällsstruktur som här framställs i sin absolut bästa dager. Här förkroppsligas det gamla idealet om nobless oblige; systemet där de härskande och de behärskade förhåller sig till varandra i en relation av ömsesidiga plikter och skyldigheter. Atreides kan erhålla lydnad av sina undersåtar och de får den villigt. De har däremot också en plikt att hålla en skyddande hand över sin befolkning och ansvara för deras välgång, vilket de gör.

Harkonnens är i alla avseenden Atreides motsats. De styr inte genom att inspirera lojalitet utan tvärtom genom att införa ett tyranni över sina undersåtar. Där Caladan är tecknad som en vacker plats, med ståtliga palats och ändlösa sjöar, är Harkonnens hemvärld framställd som ett massindustriellt helvete. I boken påpekas dessutom att Harkonnens har sin bakgrund inom kommers snarare än inom den verkliga aristokratin. Det författaren vill säga med detta är att deras motiv i hög grad kretsar kring profit, exploatering av resurser och en total brist på respekt för både mänskligt liv och ekologi. Allt detta kommer att inverka direkt på handlingen när den väl tar vid på Dune.

Skillnaderna slutar dock inte där. Det handlar egentligen inte bara om hur de härskar, utan hur de för sig rent allmänt. Pauls föräldrar, Leto och Jessica, har aldrig kunnat gifta sig av ståndsmässiga skäl. Men också för att Jessica tillhör en orden av häxor, Bene Gesserit, som sänder ut vackra och begåvade kvinnor till de olika hoven för att vägleda härskarna i rätt riktning (dvs deras egen). Kärleken dem emellan är så äkta som den kan vara och ett bevis för detta är att Leto, trots att möjligheten funnits, aldrig har gift sig eller tagit någon annan kvinna: han har alltid varit Jessica trogen trots att hon aldrig kunnat erhålla någon högre officiell titel än att vara hans konkubin. När han står inför en stor fara är hans sista tanke att hans livs misstag var att han lät sig styras av sociala konventioner och aldrig gjorde henne till sin äkta maka.

Baronen Vladimir Harkonnen – ättens huvudman - står för någonting annat. Där Leto och Jessica står för traditionell och ansvarsfull kärnfamilj lever baronen ett utsvävande liv med ett stort antal sexpartners. Liksom för att göra honom så vidrig som möjligt, så har Herbert utrustat honom med en dragning till yngre män som han i egenskap av sin ställning har fri tillgång att förlusta sig med. Baronen är dessutom estetiskt frånstötande: han är groteskt fet och i Lynch version är han täckt med variga ärr som han måste behandlas för. Värre än detta är emellertid att han är en arketypisk machiavellisk furste, som föredrar att vara fruktad framför att vara älskad.

Om Atreides står för pliktetik, kan det sägas att Harkonnen står för njutningsetik.

Paul är navet i berättelsen. En av huvudlinjerna är hans resa från ung och lovande adelsman till messiasgestalt. Redan från början är det dock klart att Bene Gesserit har egna planer för honom. Anledningen är att han är en på miljonen: produkten av föreningen mellan en medlem av den yppersta aristokratin och en av deras egna. En viktig del av Pauls resa blir därför att genom en process av inre självöverkommande frustrera deras försök att manipulera och använda honom som en bricka i deras spel om makten i galaxen. Denna process ger upphov till några av de starkaste scenerna i filmen och de hör tveklöst till Lynch bästa arbeten.

Innan avfärden till Dune får Paul stifta bekantskap med Helen Mohiam, som är "reverend mother" i deras orden. Hon ska testa honom. Sättet hon gör det på att är han får placera sin hand i en ask som simulerar fysisk smärta på mental väg. Medlemmar av denna orden behärskar en kraft de kallar "rösten" och som gör att den som hör blir tvungen att lyda. Förutsatt att personen inte kan stå emot, vilka få kan. Inte heller Paul. När han stoppar in sin hand känner han en sensation som motsvarar slickande eldsflammor. För att överkomma sin smärta och sin rädsla mässar han för sig själv en bön som går under namnet "Litany Against Fear" och som förtjänar att citeras i sin helhet:

ust not fear.

ar is the mind killer.

ar is the little death that brings total obliteration.

ill face my fear.

vill permit it to pass over me and through me.

ad when it has gone past, I will turn my inner eye to see its path.

here the fear hos gone there will be nothing. Only I will remain.

ad testet gäller att mäta värdet av Pauls natur. En lägre djurisk natur drar sig undan från smärta, en ögre natur kommer att uthärda den. Detta är en nietzscheansk idé som framkommer på flera sätt enom hans tankebanor. Nietzsche hade en idé om att äkta hälsa inte är frånvaron av sjukdom, utan rmågan att uthärda den. När han talar om att "det som inte dödar, härdar", är detta vad som avses. jukdom, smärta, misslyckanden och lidande kommer alltid att vara en del av livet. Det är uthärdandet v dessa, inte frånvaron av dem, som är måttet på en människas verkliga värde.

ärtill finns ett tema som mer handlar om viljefilosofi och konflikten mellan den högre mänskliga aturen och den lägre djuriska. Den tidigare har en vilja, en möjlighet att sätta sig över de rundläggande instinkterna, emedan den senare kommer ge efter för impulser utan att kunna stå emot. är finns en idé om att en härskare inte ska styras av sina drifter och att en sådan som inte kan vara erre över sina instinkter inte förtjänar att vara herre över andra. Därför testas Paul för att Mohiam ska e om han kan styra sina instinkter, eller om han låter sig styras av dem, och det är därför han kommer nöta döden om han misslyckas.

aul både lyckas och misslyckas. Han utstår mer smärta än vad "någon moders son" tidigare gjort, nen han kan inte motstå Mohiams användning av rösten. Han har blivit förnedrad och detta är ett ninne som kommer att bli bestående. Härefter bär det av till Arakkiss. Vad Atreides emellertid inte et är att de är lurade i en fälla. Den kända galaxens kejsare fruktar att Leto kan utmana honom om nakten och konspirerar tillsammans med Harkonnens för att förvaltarskapet över planeten ska bli eras dödsdom.

)et finns ytterligare en huvudlinje i handlingen som jag hitintills inte har nämnt. Varför är en fruktsam ökenplanet så viktig för de styrande eliterna i galaxen? Arrakkis är den enda kända platsen är man kan utvinna spice, en resurs som är av utomordentlig betydelse för de samhällen som finns tspridda över galaxen. Det är nämligen detta medel som gör rymdfärder möjliga och därmed det som ör galaxen samman. Världens ögon riktas mot Arrakkis just av denna anledning. Det är också därför om fremen, planetens urbefolkning, befinner sig under ett brutalt kolonialvälde där de får se sitt arv, ina tillgångar och sig själva exploaterade av främmande herrar.

)une som berättelse är populär i alla läger och detta är egentligen inte ägnat att förvåna. Det spelar ngen roll vilken politisk schattering man tillhör: här finns något för alla. För högern finns en historia om skildrar nationell befrielse och hur ett folk reser sig mot främmande makt för att återta sitt emland och hävda sin nationella suveränitet. För vänstern finns en historia där ett koloniserat folk eser sig mot imperialismen, mot sina främmande herrar, och kastar av sig deras ok för att kunna återta resurserna som orätt stjäls från dem. Jag är ingen anhängare av hästskoteorin, men på denna punkt är det intressant att notera att höger och vänster kan föras samman under ett gemensamt syfte.

För att göra ett hopp i tiden kan man säga att kejsarens och Harkonnens fälla går i lås. En förrädare bland de egna desarmerar de interna säkerhetssystemen och den väl rustade hären som Atreides har till sitt förfogande övermannas. Hertigen förgiftas av samma förrädare. I en gripande scen i Lynch version kan ses hur Gurney, Letos livvakt, under utropet "För hertig Leto!" tillsammans med de återstående vakterna rusar till sin död mot sina framstormande vedersakare. Detta är ytterligare exempel på vilken ställning Leto har i handlingen, när hans soldater också efter sin herres frånfälle är villiga att gå i döden för att försvara hans ära. Paul, hans mor, samt hans lillasyster kan dock fly från platsen och ut öknen.

Här börjar den egentliga handlingen. Det är här som Paul kommer i kontakt med fremen; det härdade ökenfolk vars befrielse han är ödesbestämd att genomföra. Handlingen kommer från och med nu att kunna förstås utifrån två stora idékällor. Den första är samma variant av nietzschianism som jag beskrev ovan, nämligen konsten att genomgå processer av lidande och låta dessa bli ett medel för självöverkommande. Den andra stora källan är Islam. Detta kan låta märkligt, men finner sin förklaring. Herbert tillbringade mycket tid i Mellanöstern i sitt arbete som geolog och måste ha tagit intryck av regionens kultur.

Vad är fremen om inte en sorts beduiner? Hur kan man annars förklara att Pauls öde är att bli en Kwisatz Haderach, en messiasgestalt, som påminner inte så lite om profeten Muhammed? I handlingen så som den fortsätter efter Dune så kommer Paul att lansera ett Jihad, mot galaxens falska gudar, där inte mindre än 40 miljarder människor kommer förgås. Detta är en intressant detalj i berättelsens upplägg, men inte just nu av avgörande betydelse.

En föreställning som gärna framförs i Dune är att Gud har skapat Arrakkis för att "härda de trogna". Att leva på Arrakkis är en utomordentlig utmaning för alla och fremen har levt där under oöverskådlig tid. Detta har förädlat fremen, det har gjort dem starkare än någon annan grupp i galaxen. Till och med starkare än kejsarens elitgarde – de fruktade sardaukar som fostrats på helvetesplaneten Selusa Secundo – och det kommer att bli smärtsamt uppenbart för de invaderande krafter som söker kuva upproret Paul senare kommer att leda.

Här blir det återigen uppenbart att konflikten i handlingen, dess spänningspoler, består av dynamiken mellan idealism och materialism; representerat av Atreides och Harkonnen. Atreides kan nämligen med sin aristokratiska känsla för mänskligt värde, för de kvalitativa aspekterna av tillvaron, komma till insikten att den verkliga rikedomen på Arrakkis är fremen. Detta krigarfolk är det starkaste i den kända galaxen eftersom de har härdats på ett sätt som ingen annan grupp kommer i närheten av. Men Harkonnen har inte kunnat se detta. De har aldrig förstått fremen. Det enda som funnits i deras blickfång har varit vinsterna som gått att göra på att utvinna spice. För den som bara har känsla för det materiella framstår rovdriften på spice som det enda av värde på Arrakkis.

Men denna föreställning är falsk. Det är därför som Atreides i förlängningen kommer att vinna över både Harkonnen och Kejsaren. Att ha fremen vid sin sida är värt mer än att pressa ut så mycket man kan från spicedriften och eftersom det enbart är Atreides som erkänner deras värde så är det de som får denna mäktiga bundsförvant. För Paul blir kontakten med fremen ren dynamit; i synnerhet relationen till den vackra och farliga Chani. Huset Atreides har fallit och är åtminstone för stunden en slagen kraft. Paul, hans mor och snart nog också hans lillasyster tas upp av fremen och blir en del av dem.

Där får han också ett nytt namn, Muad'dib, för att ge en fingervisning om hans nya identitet och uppdrag i livet.

Här börjar det som jag vill kalla ökenkriget för nationell frihet. Med Paul i ledningen reser sig fremen för att försvara sin frihet mot den exploatering som Harkonnen och kejsaren svarar för. Med en alternativ formulering skulle man kunna tala om en anti-imperialistisk och anti-kolonialistisk underton där målet är för ett förtryckt folk att försvara sina resurser mot främmande exploatering. Men återigen återkommer spänningspolen som jag tidigare talat om; den mellan materialism och idealism. I detta fall är materialismen knuten till beroendet av spice, ett beroende som nästan gränsar till en besatthet.

Paul inser att det gäller att frigöra sig från detta. Därför börjar han och hans soldater attackera utvinningen och skakar därmed galaxen i sina grundvalar. Det är jämförbart med att någon skulle attackera oljeutvinningen i vår egen värld. Paul sätter kniven mot strupen på universums mäktigaste och de svarar genom att konfrontera honom och fremen på Arrakkis. När fremen är samlade är de emellertid en svårslagen kraft och de invaderande får se sig besegrade. Paul spänner blicken i kejsaren och tvingar honom till en kapitulation.

Dessutom får Paul chansen att visa hur mycket han växt sedan handlingens början genom att revanschera sig mot Mohiam. Återigen försöker häxan att styra Paul genom att använda "rösten", men denna gång har han växt sig för stark och hans svar blir så kraftfullt att hon håller på att gå i bitar. I Lynch version är denna scen en av de absolut mäktigaste i hela filmen. Villeneuve har å sin sida valt att dela upp berättelsen i två filmer och har ännu inte kommit till denna scen. Det återstår därför att se vad han kan göra av den.

Det finns mycket man kan säga om Dune, för mycket för en enda essä. Här finns en berättelse som både tar språng från ett enskilt levnadsöde men samtidigt gör handlingen så oändligt mycket större än vad den kan vara när den bara handlar om en person. Paul är visserligen huvudpersonen, det är hans resa och uppdrag som står i centrum. Men det handlar inte bara om honom, utan om huset Atreides, fremen, adeln och i förlängningen hela galaxen.

Här finns också en idéstrid. En strid som jag föreställer mig mellan de som företräder materialism, gestaltade av Harkonnen och de som företräder idealism, gestaltade av Atreides men även av fremen. Harkonnen drivs av profit, vinning, och det driver dem till en brutal exploatering av sin omvärld. Atreides har öga för mänskliga värden, för frihet och värdighet, och det gör dem benägna att stå emot allt detta. Paul kommer att driva detta till sin spets när han leder fremen i ett frihetskrig mot sina utomstående förtryckare.

Dune är på så sätt en idéroman. Den handlar inte bara om sina karaktärer, utan den låter karaktärerna representera idéer. Det är en välgärning av Lynch såväl som Villeneuve att de gjort riktigt lysande filmversioner av denna ypperligt starka berättelse. För en förtjänar att framföras i ett format där den också är underhållande. Underhållning är en viktig del av kulturen, liksom andra djupare värden, men ibland kan det förhålla sig på det sättet att det är underhållningsfaktorn som gör att allmänheten kan ta till sig dessa djupare värden.

Den otacksamma mänsklighetens försvarare. Om The Witcher

Det var som att en hel värld väcktes till kärlek för fantasyn som genre när Game of Thrones slog igenom på bred front under 2011. Här fanns en serie som var hårdkokt, spännande och med gripande karaktärer vars öden stod i centrum. Den representerade någonting fundamentalt annorlunda än "Drakar och demoner"-fantasyn som många säkerligen sett under sina uppväxter och uppfattade som för nördig för att kunna ha ett underhållningsvärde. I och med att GOT sände sin åttonde och avslutande säsong infann sig emellertid en massiv antiklimax: den sista säsongen var helt enkelt fruktansvärt dålig.

En hel värld som vid det här laget fattat tyckte för medeltidsinspirerad fantasy sökte någonting nytt att rikta sin uppmärksamhet mot. Det skulle snabbt bli uppenbart att detta nya var The Witcher; berättelsen om monsterdödaren Geralt of Rivia som skapats av den polske författaren Andrzej Sapowski. The Witcher har haft en närvaro inom populärkulturen under hyfsat lång tid. Böckerna har länge varit populära och Geralt vann insteg hos en betydligt större publik efter en trilogi av framgångsrika och mycket välgjorda datorspel lanserades. Men tv-serier ligger onekligen i tiden och Netflix, vilka producerade den, är ändå Netflix.

Framgången blev överväldigande. Världen ville ha Geralt of Rivia efter besvikelsen med GOT och han kom i precis rätt tillfälle. Därför väljer jag att ägna denna essä åt att behandla tv-serien snarare än böckerna eller datorspelen. Dessa skulle med all rätt kunna ges utrymme i en litterär behandling, men det får bli en annan gång. Netflix version av The Witcher är intressant i sin egen rätt och har gjort sig förtjänt av eget utrymme. Det är ingen slump att The Witcher tog världen med storm ungefär samtidigt som den av Disney producerade The Mandalorian gjorde samma sak. De är på ett sätt reflektioner av varandra, men den ena fantasy och den andra sci-fi. Både handlar om hårda män med stål i blicken, ultraindividualister men med ideal, som anser att problem löses bäst med ett svärd eller ett gevär.

En häxkarl (svensk översättning av witcher) är en man, det är så gott som alltid en man, som från tidig barndom blivit utsatt för mutationer som förädlad styrka, snabbhet och sinnesnärvaro. Häxkarln har tränats i strategi, taktik och användandet av en mängd olika vapen. Syftet med allt detta är att häxkarln ska bli så kapabel som möjligt när det kommer till att döda monster. Till skillnad från vad man kan tro är emellertid allmänhetens uppskattning för denna yrkeskår mer eller mindre obefintlig. Dessa oerhört skickliga monsterjagarna är nästan lika avskydda och misstänkliggjorda som monstren man hyr in dem för att döda. Monster finns det gott om i denna värld, så trots att man från allmänhetens sida ser på Geralt och hans yrkeskår med yttersta misstänksamhet är man likväl tvungen att förhålla sig till dem.

Varför är det så? En formulering lånad från bandet Raubtiers låt "Lejonhjärta" kan ge en ledtråd till vad saken berör:

Fåren hatar herdehunden, för han påminner fåren om en varg.

Kanske kan det ligga någonting i detta även här? Människorna hatar Geralt och hans likar eftersom de, när allt kommer omkring, inte är helt mänskliga: de är mutanter. Genom olika former av svartkonst har häxkarlarna fått sina gener muterade för att de bättre ska kunna hävda sig mot de verkliga monstren. Detta är en nödvändighet eftersom de annars skulle vara lika chanslösa mot dessa som den vanliga breda allmänheten. De har tagit upp något av det onda och mörka i sig, för att kunna slåss mot det onda och mörka. Men just därför ses de som en del av det och de får inte den uppskattning man kan tycka att de förtjänar. Så här finns en dialektik som inte är till häxkarlarnas fördel när det kommer till deras popularitet i samhället, men desto mer så när det kommer till deras stridsfärdigheter.

När Netflix skildrar Geralt of Rivia ger de honom ett ansikte i form av den amerikanske skådespelaren Henry Cavill, vilket får sägas vara ett lyckat drag. Geralt är en stoisk karaktär. På ytan är han lugnet självt och han uttrycker sig helst inte längre än genom korta fraser som "hmm" och "fuck". Men bakom den lugna ytan döljer sig ett intensivt känsloliv som hotar att bubbla upp när det provoceras i tillräckligt hög grad. Geralt får under seriens gång pikar angående att han i egenskap av häxkarl inte skulle vara i besittning av mänskliga känslor. Men det stämmer inte. Det sitter långt inne, men Geralt är kapabel både till romantisk kärlek och till kamratskap.

Jag skrev inledningsvis att Geralt påminner om Din Djarinn som är huvudkaraktären i The Mandalorian och här finns beröringspunkter. Båda är stoiska, hårdföra, tystlåtna karaktärer som rör sig utmed samhällets marginal och även om de inte är direkt kriminella så rör de sig inom områden som inte direkt ses som konventionella. Till det yttre kan det förefalla som att de i första hand är intresserade av att få betalt. Din som prisjägaren som framgångsrikt letar upp en efterlyst person och levererar den till uppdragsgivaren mot betalning, och Geralt när han framgångsrikt dödar ett monster och tar någon typ av trofé från den för överlämning till en byäldste som löser honom hans betalning.

I själva verket har emellertid Geralt såväl som Djinn starka ideal som konstant gör sig påminda och det blir därför en spänning i serien att de arbetar inom områden där drivkraften är pengar. För vidare diskussion om Djinn så rekommenderar jag min essä om The Mandalorian: En man bland ruinerna. Det finns hos många av uppfattning om att Geralt ska skriva under på deras definition av vad som är ett monster och jaga det utan hänsyn. Men vad som är ett monster är egentligen en fråga om perspektiv och det är inte säkert att Geralt kommer att hålla med sin uppdragsgivare om detta. I seriens första avsnitt äger det rum en moralkonflikt som sätter fingret på hur Geralt, trots att han säkert skulle hävda motsatsen, har andra drivkrafter än att bara jaga ner den varelse som allmänheten vill ha dräpt och sedan inkassera betalningen.

Magikern Stregobor vill anlita Geralt för att jaga och döda den förlupna prinsessan Renfri, som Stregobor tror bär på en förbannelse som gör att hon kan medverka till att släppa in demonen Lilith i deras värld. Stregobor vill att Geralt ska servera honom Renfris huvud på ett fat, men Geralt vägrar att ta uppdraget. Han vill inte döda någon för vad som möjligen kan hända. När Stregobor säger att det är den mindre av två onda ting att döda Renfri så svarar Geralt med att han i så fall är benägen att avstå från valet överhuvud. Så gör inte en man som har pengar som sin huvudsakliga drivkraft, en man som är nöjd med att ta emot betalningen och inte är intresserad av att ställa några frågor. Geralt är en man med en kod – en inställning till världen som bygger på begrepp om heder och ära – och det gör att han kan avstå ett val som han finner inte passar denna kod.

I förlängningen tvingas Geralt, av flera olika orsaker, att döda Renfri men det är en annan sak. Det viktiga är att Geralt avvisar ett erbjudande om rikedom eftersom arbetet som erbjuds inte faller i linje med hans personliga moral. Dessutom försätter han sig i överhängande fara eftersom han genom sitt nekande utmanar mäktiga krafter som vill ha Renfris huvud på ett fat. Att införa detta berättartekniska grepp tidigt i serien är begåvad av dess skapare, för det gör att ett par viktiga saken kan klarläggas om Geralts karaktär. Varav det viktigaste är att han, trots sitt yrke, inte framför allt drivs av pengar eller enkel rovdrift, utan av föreställningar om heder, ära och en vilja att göra det rätta.

Ett viktigt tema i The Witcher är att det inte finns någon naturromantik. Inom filosofin finns det konträra strömningar som man kan kalla naturromantiska respektive civilisationsbejakande. Den tidigare representeras av en person som Jean Jacques Rousseau och den senare av David Hume. Det finns flera, men dessa två är de verkligt stora namnen. I den tidigare uppfattar man naturen som källan till godhet och den av människor skapade civilisationen som en källa till fördärv. I den senare gäller motsatsen: det är civilisationens barm som skapar ett utrymme för människor att vara goda när de höjts upp från den hårda kamp för tillvaron som gäller i naturen. Det rör sig med andra ord om två ytterst konträra ståndpunkter.

I The Witcher är det naturen som är ond, eller i vart fall mycket farlig. Det finns ett avstånd mellan naturen och civilisationen. Detta är symboliserat genom att varje stad och borg har en mur som omgärdar den. Muren är inte bara ett bålverk mot fiender från gruppen människor: det är en absolut avgränsning mot naturen och varelserna som bebor den. Här är naturen farlig. Den är fylld med monster av olika slag som inte visar någon nåd inför människorna. Varje gång en människa ser en häxkarl, som har något av detta i sig, ser de också det skrämmande andra som finns bortom stadsmurarna och ständigt lurar som ett potentiellt hot. Det är, som vi varit inne på, en anledning till att de hatar och fruktar Geralt och hans skrå trots att de bidrar till att skydda dem från det onda.

Därmed inte sagt att civilisationen i och med detta skulle vara genomgod, för så är inte fallet. Tvärtom är bilden som tecknas av samhället allt annat än smickrande. De olika länderna som skildras styrs av maktfullkomliga monarker och aristokratier som inte har något som helst intresse av att se till sina undersåtars välbefinnande. Snarare ägnar de sig åt krig, intriger, hovliv och annat som passar den härskande klassen. Fattigdomen är utbredd och de flesta lever i armod. Människorna i allmänhet är gemena, obildade, nedtryckta, hårdhudade och med ganska begränsad känsla för empati. Men det är trots allt någonting och det lilla de äger har gjort dem bättre än vad de annars skulle vara.

Det är inte närvaron av civilisation som gett dem deras hårda drag, utan snarast det faktum att de inte fått njuta av dem i tillräckligt hög grad. Vi får se exempel på detta när Geralts kärleksintresse, Yennerfer, introduceras i handlingen. Hon är missbildad från födseln och dotter till en småbonde som en i en stor barnaskara. Emellertid har Yennefer en talang som kommer att förändra allt: hon är en magiker. När hon av misstag använder sig av sin förmåga blir hon noterad av Magikernas samfund som bestämmer sig för att hon ska utbildas. Hennes familj blir kontaktad av den magistrala Tiessa de Vries som vill ta henne ur deras händer. Det blir en snabb affär och Yennefers far säljer henne för ett par småslantar. Mindre än vad en gris skulle kosta.

Uselheten i det hela säger någonting om den allmänna stämningen i skildringen. Ingenting här är otypiskt. Yennefer är en ung tjej, men blir såld som ett kreatur. Renfri är född som prinsessa, men förs som ett lamm till slakten för att en magiker haft ett infall. Geralt lägger sitt liv på att jaga monster, men är trots det hatad och misstrodd av samma allmänhet som litar på att han ska ställa upp med sitt svärd när de kallar på honom. Här är hårdhet normen.

Den dåliga starten i livet kommer vara normerande för hur Yennerfer betraktar livet. Hon lär sig snabbt att bli ambitiös, cynisk och snabb att ta vara på möjligheter. Hon blir en gestaltning av en sådan där ambitiös ung dam som till fullo behärskar konsten att armbåga sig genom livet och som trots en blygsam start uppnår framgång. Tanken med magiker i detta universum är att de ska agera som en sorts grå eminenser vid de olika hoven. Eftersom skönhet spelar roll i denna hårda värld får de därför "yrkesförmånen" att med magiska medel operera sig till det perfekta utseendet. Dock med kostnaden att de avstår möjligheten till en avkomma. Priset för evig ungdom och skönhet är med andra ord sterilitet. Onekligen ett avtal med djävulen.

Här infinner sig en oväntad och intressant samtidskommentar till den moderna karriärkvinnan genom Yennefers öde. För hon får allt hon drömmer om: skönhet, män, aktning, makt och bekräftelse. Men efter något århundrade som rådgivare till stiliga monarker vid allehanda hov är hon uttråkad av sitt jetset-liv. Tanken väcks att hon hellre skulle ha barn och familj än att resa runt i världen och förverkliga sig själv. I synnerhet när hon agerar sällskap till en ung drottning som beklagar sig över att ha fött ännu en dotter istället för den son hennes man vill ha och skulle behöva, väcks avundsjukan mot den otacksamma modern. Situationen blir snabbt kaotisk när en lejd mördare försöker döda dem båda. Drottningen erbjuder sitt barn till mördaren om han skonar hennes liv och en äcklad Yennefer tar det lilla barnet i sina armar och flyr på magisk väg därifrån.

Men barnet går inte att rädda, det dör i Yennefers armar. Hon begråter därefter både sitt eget öde och barnets. Yennefer ångrar bittert att hon valde framgång, skönhet och odödlighet till priset av att

vera upp sin livmoder på ett silverfat som betalning. Detta får sägas vara ett överraskande grepp
n skaparnas sida. Frågan om kvinnor och frågan om karriär kontra familjeliv är onekligen
ntroversiell och väcker starka känslor inom vår kultur. Kvinnans biologi är ju som bekant mindre
låtande än vad mannens är i detta avseende. Om hon inte ser till att bli gravid inom en rimlig ålder
risken stor att möjligheten går om intet. Min bedömning är att merparten av opinionen inom
entligheten helst inte vill behandla detta som ett problem. Man ser hellre att kvinnan gör karriär än
oriterar familjen. Därför är det förvånande att frågan, genom Yennefers öde, behandlas på ett
tiskt sätt och att hennes val framställs som ett tragiskt livsöde snarare än en kvinnans triumf.

e Witcher behandlar dock även faderskap. Det sker genom att Geralt får ett "child of surprise" som
oväntad belöning för en tjänst han tidigare utfört, när han hjälpte en riddare att bli av med en
rbannelse så att han kunde gifta sig med sin prinsessa. Hon är, som det heter, "Geralts öde". Här
ns en till parallell till The Mandalorian vars huvudkaraktär Din även han tar sig an ett hittebarn som
mmer till honom genom märkliga omständigheter. Det finns en charm i denna handlingslinje. Geralt
ingen äkta man eller fadersfigur, utan en oborstad ungkarl, men därmed desto större charm när man
m tittare får se honom bli någonting annat.

Civilisationens fiender. Om Batman

Inledning

En gång i tiden så hade det verkat ytterst osannolikt att det skulle gå att filmatisera Batman på ett sådant sätt att produktionen med all rätt kan beskrivas som ett verkligt praktverk. Det var emellertid innan mästerregissören Christopher Nolan lade sin hand på karaktären gjorde några av de, enligt mig bästa filmer som någonsin producerats. Batman, eller "Läderlappen", som han en gång i tiden kallades på svenska, är onekligen lätt att skildra på ett sätt där det blir löjligt till bristningsgränsen. Det är ock på det sättet som det gärna har blivit när Batman har filmatiserats i det förgångna.

Det är inte konstigt egentligen. Batman är en traumatiserad ung man som iklär sig en fladdermusdräk och går ut på stan för att spöa upp stadens kriminella underklass. Ungefär så skulle man, i korta ordalag, kunna sammanfatta handlingen. Merparten av Batmans mer namnkunniga fiender är vad jag gillar att kalla "konceptskurkar", dvs skurkar som anknyter till ett tema som ska ge figuren en särpräglad karaktär. Problemet i tidigare filmatiseringar är att dessa koncept har tagits bokstavligt, snarare än på ett mer bildligt sätt. Jag ska ge exempel på ett par särskilt minnesvärda skildringar som blivit svåra att förtränga ur minnet.

En av dessa konceptskurkar är Pingvinen, eller Oswald Cobblepot som han egentligen heter. Pingvinen skildras vanligtvis som något av en gentlemannaskurk; en kort, något övervikig, figur med ett makabert utseende och iklädd smoking. Det skulle vara rimligt att anta att han ges smeknamnet p.ga. dessa karaktärsdrag, men i filmatiseringen så har det inte riktigt stannat där. Snarare än att nöja sig med detta så har det för filmskaparna verkat rimligt att pingvinen också ska ha en armé med tama och stridstränade pingviner som arbetar för honom. Varför kan man onekligen fråga sig?

Mr. Freeze är en annan "minnesvärd" bekantskap. Freeze är som så många andra skurkar en vetenskapsman som, på grund av en oförstående omvärld, tvingas till riskabla experiment som i hans fall gör att han måste framleva sin existens i en dräkt som sänker hans kroppstemperatur. Självklart uppfinner också Freeze en is-kanon som han bär med sig och använder för att frysa in personer som står i vägen för hans brottsliga bana. I en klassisk kalkonrulle är Freeze spelad av Arnold Schwarzenegger och resultatet lever kvar som en mardröm i sinnet på alla som gillar Batman och önskar ett bättre öde för denna karaktär.

Batman förtjänar bättre och Nolan var mannen som skulle rädda Batman från ett bedrövligt öde att behöva bli ihågkommen som föremålet för ett antal mindre smickrande kalkonrullar. Det kan inte nekas till att Batman har ett antal inneboende svagheter som gör konceptet sårbart för vad man kan kalla komiska skildringar. Men samtidigt så har Batman ett djup, ett filosofiskt och psykologiskt djup som gör berättelsen överlägsen någon annan modern superhjälte-berättelse. När Batman är som bäst, då är det verkligen bra. Det finns anledningar till att en person som Nolan, och många andra, ändå såg en potential i denna berättelse som gjorde att de var beredda att satsa på den. Det var het rätt tänkt.

Batman har ett djup som många andra superhjälteberättelser saknar. En sak som ska noteras är att Batman faktiskt inte är en superhjälte, utan som mest en hjälte. Faktum är att han i grunden är en väldigt traumatiserad människa, vid namn Bruce Wayne, som i ung ålder får sina se föräldrar skjutna framför sina ögon och någon gång i livet bestämmer sig för att göra något åt saken genom att bekämpa brott. Hans något märkliga approach till detta blir att iklä sig en fladdermusdräkt och ge sig ut för att slå brottslingar på käften, och därefter överlämna dem till polisen. Men här finns inga superkrafter, ingen magi, bara en järnhård vilja och en disciplin som lagt grunden för hans färdigheter

Men framför allt finns lidande. Allt i Batman handlar om lidande. Om det är en filosof vars idéer kan sägas genomsyra denna berättelse, så är det Nietzsche. Det kanske kan låta abstrakt, men det är mer konkret och nära till hands än vad man kan tro. Nietzsches filosofi är lidandets filosofi; den handlar i hög grad om lidandets närvaro i livet och hur uthärdandet av detta är den kanske främsta dygden som en människa kan besitta. I sin Zarathustra skriver Nietzsche exempelvis om hur det skulle kunna vara fallet att en demon kommer till dig, och den säger att du måste leva om ditt liv in till minsta detalj. Vad skulle du svara? Skulle du bli förtvivlad eller skulle du säga att detta är det bästa förslag som du någonsin hört.

För egen del kan jag säga som följande: frågan är inte särskilt intressant, det är svaret som ska noteras. För vad svaret blir säger någonting om personens karaktär, det säger någonting om hur mycket lidande personen kan vara beredd att uthärda. Och en person som är beredd att acceptera den eviga återkomsten av det som redan skett är sannerligen en person som visat sig vara beredd att kunna stå ut med i princip vad som helst. Nietzsche säger till och med att definitionen av hälsa för honom inte handlar så mycket om frånvaron av sjukdom, så mycket som förmågan att hantera sjukdom och olycka när de väl inträffar.

En sak som kan noteras i Batman är att merparten av hans fiender på ett eller annat sätt är psykiskt sjuka. Även om de ägnar sig åt konventionell brottslighet, så är deras främsta drivkraft inte nödvändigtvis att komma över stora summor pengar. Snarare lider de av vanföreställningar, komplex, och andra rekvisit som hänger samman med mental ohälsa. Det är någonting som gör att Batman avviker från andra berättelser och det ger historien en psykologisk dimension som får sägas vara ovanlig. När Batman besegrat Jokern, Fågelskrämman, Mr. Freeze, eller någon av de andra, så lämnar han över dem till polisen som i sin tur lämnar över dem till Arkham Asylum. Ett mentalsjukhus som tar hand om "The criminally insane".

En av de absolut bästa grafiska novellerna som någonsin skrivits handlar just om Batman i Arkham Asylum. I denna berättelse så har dårarna tagit över dårhuset och den enda som kan få in knäppgökarna i deras celler är Batman. Batman tar sig an sina psykiskt sjuka antagonister och under processen konfronterar han samtidigt sina egna demoner. Självöverkommande är det underliggande temat här. Batman konfronterar sina demoner och under processens gång så kan han överkomma sig själv. Just lidande och självöverkommande är två underliggande teman som ständigt återkommer i berättelsen om Batman.

Detta är fallet också här. När Nolan gjorde sina filmer kan man säga att det psykologiska perspektivet fått stå tillbaka till förmån för det filosofiska. Antagonisterna i dessa filmer är visserligen inte vid helt sunda vätskor, det kan knappast betvivlas. Men de är inte psykiskt sjuka på samma sätt som annars brukar vara fallet när de figurerar i berättelser. Istället är de samhällstillvända. Deras motiv går att psykologisera, men de är framför allt rotade i filosofiska, ideologiska och politiska föreställningar om tillvaron. Psykologen får helt enkelt ge plats till samhällsvetaren när det kommer till att analysera dessa filmer. Koncept som radikal traditionalism, filosofisk terrorism och strategiskt vänstervåld blir mer relevanta än psykologiska termer när det kommer till att analysera filmerna på djupet och sätta dem i ett vidare sammanhang.

Jag kommer att driva en tes i denna essä. Denna tes är att var och en av de tre filmerna: 1) Batman Begins, 2) The Dark Knight, 3) The Dark Knight Rises skildrar två teman som hör samman med Bruce Wayne personligen och med den västerländska civilisationen som sådan. Det är knappast nödvändigt att poängtera att det är Batmans hemstad, Gotham City, som står som representant för den västerländska civilisationen i detta sammanhang. Dessa två teman kan delas upp i kategorierna "inre" och "yttre". Den inre konflikten är en som äger rum i hjärtat på Wayne; det är hans personliga trauma. Den yttre gäller en civilisatorisk konflikt, där en extern fiende attackerar Gotham från ett perspektiv som innebär en utmaning mot civilisationens förhärskande ordning.

I den första filmen gäller den inre konflikten rädsla. Det handlar om hur Wayne måste konfrontera rädslan han drog på sig från sin barndom för att kunna gå vidare i livet. Den yttre konflikten gäller hur

…n organisation som kallas "The League of Shadows" (från och med nu förkortat som: TLS) försöker förstöra vad den uppfattar som en dekadent och degenererad civilisation. Deras utgångspunkt är den filosofiska tradition som man kan kalla radikal traditionalism.

I den andra filmen möter Batman sin klassiska ärkefiende the Joker. Temat är, som man kan tänka sig, kaos. Det handlar om det kaos som Wayne upplever i sitt eget liv och som dessutom drabbar staden genom the Jokers filosofiska terrorism. The Joker framträder som en moralfilosof, som vill ställa medborgarnas värdesystem under systematisk prövning, någonting som han gör genom kulor, krut och bensin. Liksom TLS så är han en främling inför civilisationen; en person som står helt utanför de rådande ordningarna.

I den tredje och avslutande filmen är temat smärta. Wayne är knäckt och han måste komma tillbaka som människa. Samtidigt får civilisationen möta en fruktansvärd fiende i form av Bane. En figur som har sin grund i radikal traditionalism men använder sig av vänsterterrorism för att uppnå sina syften. Bane är den sista och avslutande utmaningen för både Wayne och Gotham – det är efter detta som berättelsen slutligen kan nå sin upplösning. Det långa lidande som följt Wayne under hela hans liv kan slutligen upplösas.

Detta kan sägas om inledningen. Här följer tre essäer som går igenom den trio av fantastiska filmer som behandlar legenden om Bruce Wayne och hans lidande.

Rädsla och radikal traditionalism

Allting börjar med att en ung Bruce Wayne får se sina föräldrar bli skjutna av en rånare, när de är på väg att lämna en operaföreställning via en bakgata. Familjen har lämnat föreställningen tidigt eftersom Bruce har känt sig obekväm med scenuppsättningen. Veckorna innan har han haft en omskakande upplevelse då han ramlat igenom en lucka och hamnat i en grotta som bebos av en stor mängd fladdermöss. I det ögonblicket blir fladdermusen en symbol för Bruce rädsla och när scenografin påminner honom om upplevelsen så vill han inte vara kvar. Det faktum att det var han som övertalade föräldrarna att gå tidigt gör att han känner sig personligt ansvarig för det som hände.

Flera år senare är Bruce tillbaka i Gotham, efter att ha studerat på annan ort. Han är inte en pojke längre, utan en ung man. Men han är fortfarande traumatiserad av upplevelsen; han kan inte släppa den. Tillbaka i staden återupptar Bruce kontakten med framför allt två personer: Alfred Pennyworth, familjens butler, och Rachel Dawes, som var lekkamrat till Bruce när de var små men nu blivit en vacker kvinna som så småningom kommer bli föremål för hans förälskelse. Rachel arbetar på åklagarens kontor och står i skottlinjen när hon ägnar sin yrkesbana till att motarbeta stadens eskalerande brottslighet.

Gotham City är en stad i förfall. Fattigdomen är utbredd och kriminaliteten skenande. Korruptionen inom poliskåren och myndighetsväsendet är enorm. I praktiken styrs mycket av stadens officiella funktioner av den organiserade brottslighet som betalar ut deras mutpengar. Det är i detta sammanhang som den traditionalistiska kritiken blir relevant. Vi kommer snart i handlingen att få stifta bekantskap med TLS, vilken uppfattar Gotham som en drivande kraft också för global degenerering. Gotham är en världsstad i berättelsen; jämförbar med den roll som Rom hade under sin storhetstid. Om Gotham förfaller moraliskt, så kommer denna röta att sprida sig till resten av världen och därför är det rådigt att förstöra staden snarare än att låta detta ske.

Emellertid är detta någonting som kommer att aktualiseras senare i handlingen. Jag skriver det nu för att skapa en bild av vad det är för stad som Bruce återvänder till efter sin frånvaro. Från början är Bruce dock inte så mycket bekymrad för Gotham, som han är för sina egna problem. Han har inte återvänt för att bli stadens räddare. Anledningen till hans återkomst är att det väntas rättegång för mannen som sköt hans föräldrar. Bruce planerar att se honom i ögonen, och därefter placera en kula mellan dem. Han planerar att åta sig ett självmordsuppdrag med syftet att hämnas föräldrarna. Kanske som ett sätt att befria sig från traumat?

Bruce har till och med skaffat en pistol för ändamålet. Men när han står öga mot öga med sina föräldrars baneman, så sviker hans mod. Han tvekar. Och när han tvekar så kommer en inhyrd mördare och gör det som Bruce inte kunde. Efteråt så bryter han ihop hos vännen Rachel Dawes och berättar om sin plan. Rachel blir arg, och ömkande, och kallar honom "a coward with a gun". Bruce börjar någonstans inse att det behövs en förändring. Han är inte på en bra plats i livet och någonting måste ändras. I ett sista försök att göra någonting bra så konfronterar han Carmine Falcone, mannen som styr Gothams undre värld, men det slutar bara med att han får stryk och blir utslängd i rännstenen.

Då får Bruce en uppenbarelse om vad han måste göra. Han kan inte vara kvar där han är. Om han någonsin ska kunna komma till en högre nivå av sig själv så kan han inte vara kvar där han är just nu. Så han tar av sig sin fina jacka och ger den till en hemlös, i utbyte mot att få dennes slitna plagg. Därefter så vandrar han ut i den kalla natten till Gothams slum. Men han kommer inte att bli kvar i Gotham. I likhet med andra vilsna unga människor från den västerländska civilisationen, så åker han till Asien för att hitta sig själv. Till skillnad från merparten av unga asienresenärer åker han dock inte dit för att festa på Bali, eller iklädd fladdriga yogabyxor klappa drogade tigrar i Thailand. Han åker dit för att utforska den värld han inte känner: den undre världen.

Den nyfunna kriminella "karriären" leder honom direkt till ett mindre trevligt fängelse. Där ägnar han sin tid åt att starta bråk med sina medfångar för att träna sina stridsfärdigheter. Men det är inte riktigt nog. Dessutom är det någon som håller ögonen på Bruce och observerar vad han gör: den mystiske Ras Al Ghul, ledaren för TLS. Han vill rekrytera Bruce och bjuder in honom till organisationens fästning. Där kan Bruce bli medlem, om han klarar sig igenom de svåra inträdesproven. Bruce accepterar och tar sig bort från fängelset och genomför den långa resan till organisationens säte som ligger någonstans långt uppe bland bergen.

Det är vid denna tidpunkt i filmen som det börjar bli intressant. Vi har nu sett tillräckligt av Bruce för att bli varse om vad som är hans drivkraft i livet: rädsla. Han är en rädd ung man, vilket han inte vill vara. Men det enda sättet att ändra på detta är via den förvandlande process som kallas för 'självöverkommande', han måste döda sitt nuvarande oönskade jag och skapa sitt nya önskade jag. Det är därför han har gjort den långa resan till bergen för att bekanta sig med TLS, som kan ge honom verktygen att bygga sitt nya jag. Det är en sak, en annan är denna organisation och hur den betraktar världen.

TLS är vad man kan kalla radikala traditionalister. Eller åtminstone delar de den kritik som radikala traditionalister har av den moderna världen. Organisationen har tagit på sig ett evigt uppdrag att återställa den civilisatoriska balansen genom att identifiera samhällen som blivit dekadenta och degenererade bortom räddning, för att därefter förstöra dem så att historiens cykel kan börja om på nytt. Detta är en syn på samhälle och historia som tangerar personer som Julius Evola, Oswald Spengler och Arnold Toynbee. Även om dessa definitivt är olika sinsemellan så delar de ändå uppfattningen att det inte finns någonting sådant som evig utveckling, utan att varje samhälle vid något tillfälle når en punkt efter vilken det bara kan gå utför.

Detta är vad man kallar en cyklisk syn på tillvaron. Hur denna process ser ut kan skilja sig mellan olika tänkare, men vanligt är att ett samhälle börjar som ungt och naivt, för att därefter uppnå mognad och balans, bara för att gå in i sina senare stadier som är mer mörka. Typiskt är att man föreställer sig att de senare stadierna är mer materialistiska och mindre andliga. Pengar och tillhörigheter blir oerhört viktiga och värdemätare för samhället. Köpmännen blir den mest framträdande och respekterade gruppen i samhället. Andlighet blir mindre viktigt eftersom det inte passar inte i en ordning som premierar omedelbar behovstillfredsställelse och en uppfattning om att lycka är någonting som ska förverkligas här och nu i detta livet.

Denna nedåtgående spiral går inte att bryta, enligt detta sätt att se på saken. Förloppet är evigt och bortom mänsklig påverkan. Vad TLS gör är däremot att de tar på sig uppdraget att genomföra vad man kan kalla "assisterat självmord", grundat i att de gjort analysen att en civilisation på dekis utgör en fara för andra samhällen. Det är därför nödvändigt att aktivt ingripa i historien och se till att cykeln snabbt avslutas så att en ny kan påbörjas. I den utsträckning som man kan tala om denna organisation som radikala traditionalister, så är de det i en aktivistisk mening. Även om förloppet är oundvikligt, så finns det ingen anledning att inte snabba på det.

TLS har utfört sitt civilisatoriska uppdrag under tusentals år. Nu har turen kommit till Gotham, och de vill att Bruce ska hjälpa dem i deras uppdrag. När Bruce når TLS fästning, efter många strapatser, blir han antagen som lärjunge. Organisationen har under årtusenden utfört lönnmord och svarta operationer över hela världen och de har mycket att lära ut. Mästarna ger Bruce en grundlig utbildning i hur man slåss, gömmer sig i öppen dager, förvirrar sin motståndare, och så vidare. Men framför allt ger de honom en kurs i mental träning. Det verkliga eldprovet är nämligen inte att svinga ett svärd, utan att möta sin största rädsla.

Här återkommer ännu en gång det som jag uppfattar som filmens grundläggande tema: rädsla. Bruce är fortfarande en rädd ung man och den främsta hjälpen TLS ger honom är att lära honom att ta sig förbi denna låga del av hans jag. I ett av de sista proven får Bruce inta en brygd som består av olika örter från trakten. Den har egenskapen att den öppnar upp sinnet för det som personen är allra mest rädd för. Detta kan så klart se olika ut för olika människor. För Bruce är emellertid symbolen för hans rädsla fladdermusen. Djuret som skrämde livet ur honom som barn och dessutom blev anledningen att han ville lämna operan tidigt, vilket fick som oväntad konsekvens att föräldrarna blev skjutna av en rånare.

Det är först när Bruce ställts inför det han fruktar, och överkommer symbolen för rädslan, som han kan accepteras som medlem i TLS. Men provet är inte riktigt klart ännu. För det är nu en märklig moralkonflikt kommer att komma upp till ytan. Denna konflikt är inte bara aktuell för den första filmen, utan kommer tvärtom att vara närvarande genom hela trilogin. TLS vill att Bruce, som ett sista prov på hans lojalitet, ska avrätta en bonde som i sin tur har gjort sig skyldig till mord genom att döda sin granne för att stjäla hans egendom. Bruce vägrar. Han backar inför att döda som att sätt att utdela straff. Detta framstår som ett märkligt drag i berättelsen. Varför kan man onekligen fråga sig?

Bruce far över hela världen för att uppsöka en organisation av beryktade lönnmördare, med syftet att lära sig deras mörka konst. Sedan blir han förvånad när de ber honom att avrätta en person, som inte på något sätt är oskyldig utan tvärtom har gjort sig skyldig till mord på sin granne. Senare i sin karriär som brottsbekämpare ska Bruce dessutom iklä sig en svart fladdermusdräkt och spöa upp kriminella under dygnets mörka timmar. Varför skulle en sådan person tveka inför att ta steget att döda en skyldig person? Det verkar orimligt. Men detta oväntade humanistiska drag kommer att prägla besluten som Bruce tar under filmernas gång och han kommer att göra sitt yttersta för att undvika att döda sina antagonister. Bruce kommer emellertid bli varse om att en humanistisk inställning av detta slag inte kommer utan kostnad för en maskerad brottsbekämpare och hans närstående.

Ledaren för TLS kan inte acceptera att Bruce vägrar att lyda order. Bruce blir tvungen att attackera sina nya kamrater och när han lyckas sätta eld på organisationens krutförråd så sprängs deras högkvarter i småbitar. Det sista Bruce gör för organisationen blir att rädda Ras Al Ghul undan flammorna. Därefter återvänder Bruce till Gotham för att försöka göra någonting för att rädda staden från sig själv. När Bruce har lärt sig att bemästra sin rädsla så kan han börja använda denna symbol, fladdermusen, för att skrämma andra, det vill säga de kriminella som han jagar om nätterna.

vudmannen för Gothams organiserade brottslighet är fortfarande Carmine Falcone, gangstern vars
n gav Bruce en riktig omgång innan han började sin andliga resa. Falcone och hans kollegor är som
n kan tänka sig att gangsters är mest. Vad är deras motiv? Makt och pengar, framför allt. De gillar
gå klädda i dyra kläder, köra fina bilar, och kunna utöva makt över andra människor. De är del av
l jag vill kalla 'det moderna paradigmet'. När jag använder denna formulering så syftar jag på en
lning där det är givet att det stora flertalet har just makt och pengar som sin primära drivkraft. Det
nske inte är någonting som de själva har tänkt ut, men det är vad tidsandan på något sätt påbjuder att
ska eftersträva.

othams maffia samarbetar emellertid med en man av ett annat slag, Jonathan Crane. Eller som han
kså är känd som: Fågelskrämman. Denne är en karaktär från Batmans klassiska fiendegalleri och
n hör definitivt till den mer psykologiskt orienterade berättelsen. Crane är något så märkligt som en
ykiater som gått över till den onda sidan. Han använder sig av psykologisk manipulation och
eparat som skapar extrem rädsla för att skaka om och kontrollera sina offer. I Nolans porträttering är
ane också en psykläkare som anställd inom rättspsykiatrin för att utvärdera om kriminella kan
assas som tillräkneliga eller inte.

ane samarbetar dock med Falcone så att dennes män ska kunna dömas till psykiatrisk behandling på
anes klink, istället för fängelsestraff. Båda samarbetar också med TLS. Varför kan man fråga sig?
m TLS hatar kriminella så mycket att de är beredda att avrätta dem, varför vill de då samarbeta med
othams avskum? Svaret är enkelt: de vill förstöra Gotham. Och om du är en utomstående kraft som
ll förstöra en civilisation, varför inte se till att denna civilisationens värsta element gör grovjobbet åt
g? Gangstrarna är för dumma och giriga för att inse att de bidrar till undergången för civilisationen
m de parasiterar och därmed livnär sig på.

etta är ett genomgående tema som kommer att återkomma i den andra filmen, men särskilt i den
edje. Civilisationens fiender – de som står utanför den och inte är en del av dess ordning – använder
g av dess svaga punkter, dess lägsta tendenser och värsta grupper, på ett strategiskt sätt för att
nderminera den från insidan. TLS vill förinta Gotham totalt, utifrån en traditionalistisk syn på världen
m en plats där förfall föregår förnyelse. Gangstrarna i Gotham kan emellertid inte ens föreställa sig
t någon kan ha en sådan syn på världen. Handlar inte alla bara för att tjäna pengar och berika sig
älva? Finns det andra motiv för handling?

är Batman konfronterar dessa fiender, och sakta men säkert nystar upp vidden av konspirationen, får
n möta den notoriske doktor Crane. Här är temat "rädsla" taget till ytan med skarp tydlighet. Crane
nvänder samma preparat som TLS använde för att väcka upp Bruce innersta rädsla, men mot sina
gna fiender. Bruce får återigen känna på absolut rädsla när han konfronterar Crane. Men hela filmen
andlar som bekant att överkomma rädsla. Bruce lyckas ta sig igenom mardrömmen genom att rida ut
ormen och få i sig ett motgift. Konceptet "möta sin rädsla" får en mycket konkret iscensättning när
ruce möter en man som använder rädsla som sitt främsta vapen.

ålet för konspirationen är att föra ut det rädsla-skapande preparatet i Gothams vattensystem och
ärmed skapa absolut panik hos Gothams befolkning. Precis som kan föreställa sig lyckas Bruce,
lsammans med Gothams poliskår, att stoppa konspirationen. Bruce ser till att Ras Al Ghul
örolyckas och att Crane får smaka sin egen medicin och leva i den rädsla som han har försatt andra i.
olans Batman-filmer har ett filosofiskt djup som motsvarande filmer saknar, men de är inte
vvikande i meningen att de inte får ett förhållandevis förutsägbart och lyckligt slut.

et finns anledning att göra några avslutande reflektioner om den första filmen. Det som ska sägas är
t den etablerar det som är trilogins två bärande teman. För det första, berättelsen om den dekadenta
ivilisationen som hotas av en yttre kraft som vill förstöra den. För det andra, berättelsen om Bruce
ersonliga trauma som han måste överkomma för att kunna ta sig till högre nivåer av tillvaron och
eva ett bättre liv.

En konsekvens av filmens upplägg är att den klassiska god/ond-dikotomin som ofta är gällande för den här typen av filmer, inte kan appliceras här. Är TLS verkligen en ond kraft? Kanske i deras handlingar, men inte i deras uppsåt. De handlar utifrån en världsbild där Gotham är en skadlig kraft, som måste slås ut så att den inte kan sprida sina skadliga tendenser till resten av världen. I denna organisations världsbild är Gotham en ond kraft och frågan är egentligen vad det säger om Bruce som försöker att rädda den till varje pris? Utifrån deras blick måste han framstå som antingen ond eller missledd.

När filmen slutar är Bruce inte längre en rädd ung man. Denna slutsats kan vi dra dels från hans handlingar och utveckling, dels när han samtalar med Rachel Dawes och berättar om sina tidigare misstag. Han har framgångsrikt mött rädslan, besegrat den på flera olika nivåer och står redo för nya utmaningar.

Kaos och filosofisk terrorism

Den andra filmen om Batman fick ett enormt genomslag. Huvudanledningen är utan tvekan att Heath Ledger gjorde en briljant porträttering av Batmans ärkefiende, the Joker. Det kan inte sägas annat än att the Joker är den mest intressanta av Batmans fiender. Den som är bekant sedan tidigare med denna märkliga karaktär känner till att han är en mer eller mindre psykotisk clown som gör livet surt för Batman och Gothams invånare. I de mindre lyckade framställningarna tar the Joker gärna form av en så kallad "konceptskurk" som jag diskuterade ovan. I detta fall är det clowntemat som används till bristningsgränsen.

The Joker är på flera sätt en arketyp; mer en utgångspunkt än en färdig karaktär. När Jack Nicholson porträtterade honom under åttiotalet så var han en gangster som blir galen efter att ha ramlat ner i en tunna med kemikalier. När Jared Leto flera år senare porträtterade honom för kalkonfilmen Suicide Squad, så var han fortfarande en gangster, men av det mer punkiga slaget med förgyllda tänder och som hänger på coola nattklubbar med flickvännen Harley Quinn. Min uppfattning är att ingen av dessa porträtteringar gjorde karaktären rättvisa. Det har gjorts två riktigt bra tagningar på the Joker i filmformatet.

Den första, vilken vi ska diskutera här, är Ledgers filosofiskt motiverade Joker; en karaktär där temat är filosofen som terrorist eller terroristen som filosof. Den andra är Joachim Phoenix existentiella Joker. En film där the Joker är en mycket olycklig man, bortglömd och nedtryckt av ett sjukt samhäll som till slut blir galen av alla påfrestningar som detta utsätter honom för. Kärnan i denna berättelse är att en person inte behöver ramla ner i en tunna med industriprodukter för att bli galen, det räcker med att leva i det moderna samhället. Men detta är ett sidospår. Det som vi ska diskutera här är filosofisk terrorism och den andra Batman-filmen.

I likhet med TLS, vilken vi diskuterade i det tidigare kapitlet, så är the Joker som han framträder i denna film driven av helt andra motiv än de som ryms inom den moderna ordningen. Det är i den meningen som han uppenbarar sig som civilisationens fiende. När den andra filmen börjar är Gothams organiserade brottslighet mycket pressad. Batman har sedan seger mot TLS ansatt dem mycket hårt. De vanliga metoderna: mutor, hot om våld, verkställande av våld, går inte att ta till mot Batman. Han drivs inte av pengar och går därför inte att köpa. Ingen vet vem han är, så det går inte att komma åt vare sig honom eller hans närstående. Och inte minst drivs Bruce, mannen bakom masken, av en latent dödslängtan och fruktar inte döden.

Bruce har skapat någon form av ordning i sitt liv och inrättat sig i sin roll som Batman. Men privat är han olycklig: den stora kärleken Rachel Dawes har träffat en annan man, den stilige åklagaren Harvey Dent, och Bruce får se sig försmådd. I någon mening kan man säga att det är rollen som Batman som utgör tryggheten i hans liv. Men allt det han har byggt upp, och den ordning som han förlitar sig på, kommer the Joker att utmana när han gör entré i handlingen. Det första vi får se av the Joker är när han genomför ett finurligt bankrån tillsammans med ett antal kumpaner.

Vad rånet syftar till att är komma över den samlade förmögenheten hos Gothams kriminella överklass; samma människor som Bruce redan har pressat till bristningsgränsen. För the Joker handlar det om att få deras uppmärksamhet, och det får han när han dyker upp på ett möte de håller och erbjuder sig att eliminera Batman. Det som händer på mötet är betydelsefullt. The Joker erbjuder sig att döda Batman och gangstrarnas första fråga är den följande: hur mycket vill du ha? De antar med andra ord att hans drivkraft är pengar, eftersom det är deras egen drivkraft. De kan inte föreställa sig att någon skulle kunna ha andra drivkrafter. Det är deras första misstag.

Deras andra misstag är att leja the Joker för att döda Batman, i utbyte med hälften av deras samlade förmögenhet. Problemet är att the Joker står bortom civilisationen; så långt att hans motiv och karaktär knappt går att ana. I denna film skulle man kunna säga att han antar rollen av en "trickster", något av en Loke-gestalt, som tar på sig att genom olika prov testa om människornas självbild stämmer överens med hur de egentligen är. Han är en agent för kaos, kontrollerat sådant, men ändå kaos. Och när the Joker släpps lös så inleds en terrorkampanj mot staden, som är värre än något som Bruce eller poliskåren har sätt tidigare.

När Counter Currents chefredaktör Greg Johnson för flera år sedan recenserade Batman-filmerna så läste han the Joker efter filosoferna Friedrich Nietzsche och Martin Heidegger. Jag är inne på ett liknande spår, men vill formulera det på ett annorlunda sätt. The Joker är på sätt och vis en sokratisk gestalt. Men han ställer sig frågor med kulor och krut snarare än genom långa och invecklade dialoger. Syftet är emellertid det samma: att komma åt det som ligger under ytan. The Joker driver en tes: att människor egentligen är ganska hemska varelser. Att de, när allt kommer omkring, är själviska och kommer att välja sin egen välgång snarare än andras när det verkligen gäller.

När the Joker får frågan vad han vill, vad som är hans syfte, så säger han frågande "Do I look like i guy with a plan?". Inte direkt, men en plan finns där. Och planen är, vad jag kan utröna, att utmana stadens föregivna värdegrund genom sin beväpnade sokratism. The Joker vill, genom sitt terroristiska filosoferande, bevisa att värdegrunden är en chimär och att idén om allas lika värde bara gäller när omständigheterna är goda. Så fort det blir lite press, så kommer människorna alltid att välja sig själva. Det är vad han vill bevisa.

Sättet han gör detta på är att ställa människor i situationer där de måste välja, antingen sig själva eller någon annan. Exempelvis förråder han gangstern Gumbol och dödar honom framför hans män. Därefter förklarar han för de som är kvar att det finns utrymme för expansion, men bara för en av dem, varefter han slänger åt dem en avbruten biljardkö så att de får göra upp mellan sig om vem som får vara kvar. Paradnumret är emellertid när han apterar sprängladdningar på två stora färjor – en där passagerarna är kriminella och en där de är "vanligt folk" – och ger respektive båt fjärrkontroller så att de kan spränga den andra, och om ingen väljer så spränger han båda.

Vid ett annat tillfälle så vill han testa Batmans värdegrund, vilket han gör genom att ge Batman möjligheten att döda honom. The Joker tror så mycket på sitt uppdrag att han är beredd att dö för att göra sina poänger. Batman misslyckas dock med testet, och the Joker får leva. Detta är ännu en av spänningarna i filmen som har att göra med Batmans humanistiska värdegrund och moraluppfattning. Batman skonar the Joker, eftersom han inte klarar av att döda honom, men detta kommer att leda till enormt lidande för betydligt fler än vad det hade gjort om han hade dödat denna galne clown. Om det är något den här filmen vill säga, så är det att det är en dålig idé för en maskerad brottsbekämpare att inte vara beredd att ta det sista steget när han konfronterar sina fiender.

Detta kommer att bli uppenbart när filmen når sin upplösning. The Joker är en man med sina egna ambitioner; till skillnad från TLS så följer han inte ett mångtusenårigt uppdrag. Men i likhet med dem är han en kraft som står bortom civilisationen. Precis som dem så går han inte att införliva i det

...na paradigmet, vad jag kallar den tidsanda som gör gällande att de enda två saker som är värda att sträva efter är pengar och makt. Det är en tidsanda och en typ av människor som inte förstår att det finns andra dimensioner av tillvaron, och att det kan vara en enorm styrka att inte låta sig besvärjas av dessa lockelser.

The Joker är en sokratisk gestalt – en blodtörstig sådan – men likväl en sokratisk gestalt. Han vill utmana stadens gudar och han vill, genom att ställa saker och ting på sin spets, avslöja vilka människorna verkligen är bortom den polerade fasaden. Han säger det själv: det är i deras sista stund som människor avslöjar vilka de egentligen är. Men han är också, som jag skrev ovan, något av en Loke-gestalt. Han är en person som vill föra fram det okontrollerbara i tillvaron och han gör det genom att identifiera planer, som andra hyser, för att därefter sabotera dem och se dem skingras för vinden. Personer som Batman, Rachel Dawes, Harvey Dent, med flera, arbetar för en bättre stad, en stad som går att leva i, samtidigt som den kriminella överklassen vill återta initiativet och därmed makten som de tappat. The Joker stör allt detta.

Bruce långvarige butler, den gamle soldaten Alfred Pennyworth, är den som kommer med den mest kvalificerade analysen av the Joker. När han och Bruce samtalar om vad the Joker egentligen vill så säger han det följande:

"Some men aren't looking for anything logical, like money. They can't be bought, bullied, reasoned, or negotiated with. Some men just want to watch the world burn."

The Joker är en anti-materialist: han bryr sig inte om saker som makt och pengar. Han är stjärnan i sin egen berättelse och det ger honom en enorm styrka. Precis som Alfred säger så går det inte att köpa, skrämma eller resonera med en sådan person. I en scen så har the Joker samlat maffians samlade förmögenhet, i kontanter, på en säker plats och han bjuder in en av gangsterledarna att komma dit och inspektera. När de diskuterar den enorma summan, och vad man kan göra med den, så säger the Joker lakoniskt att hans enda intressen i livet är krut och bensin och att det är billiga intressen. Därefter så beordrar han en av sina underhuggare att sätta eld på pengarna och den förfärade gangstern ser sitt och kumpanernas livsverk brinna upp framför hans ögon.

The Joker verkar, å andra sidan, helt oberörd och mumlar för sig själv att det inte handlar om pengarna, utan om att skicka ett budskap. Det paradoxala är att the Joker och Bruce är reflektioner av varandra. De drivs båda av motiv som den moderna ordningen inte kan förstå eller rå på; det är därför de kan komma in som främlingar och dominera den fullständigt. Varken the Joker eller Bruce går att köpa, skrämma eller resonera med. Men de följer olika moraliska principer. Bruce tror på ett människovärde, på att människor innerst inne kan vara goda och handla rätt. The Joker tror inte på något människovärde, och han tror att människor är ungefär så goda som omständigheterna tillåter dem att vara.

När filmen går mot sitt slut så kommer the Joker att genomföra två verkliga paradnummer för att bevisa sina poänger. Det första är att han kidnappar älskarna Dawes och Dent och för den till två olika platser. Därefter lurar han Bruce att åka till platsen där Dent befinner, när han först har ljugit om att det är där Dawes är. Bruce hinner fram till Dent, men polisen hinner inte fram till Dawes, och båda blir förkrossade när de inser att Bruce räddat fel person. Detta är det första steget i the Jokers plan. Det andra steget är att Gothams vite respektive svarte riddare, dvs Dent och Bruce, ska falla till den mörka sidan efter hans handling. Det funkar med Dent, som får ett totalt sammanbrott efter att ha förlorat sin käresta och blivit skadad för livet i processen. Men Bruce lyckas stå över the Jokers försök till manipulation.

Detta är the Jokers sokratiska metod. Han föder så att säga fram det som han anser redan ligga latent i personligheten, genom att skapa de rätta förutsättningarna. Han anser att när han kan få en människa att göra någonting som denne aldrig trodde sig kunna göra, då har han vunnit. Men han lyckas inte med Bruce. The Joker vill att Bruce ska döda honom – han är faktiskt beredd att dö för en moralfilosofisk poäng – för att bevisa att den humanism Bruce bekänner sig till inte är så stark att den inte kan brytas ner av tillräckligt starka yttre händelser. Bruce får chansen, han avhåller sig. Han visar därmed att hans åtagande till uppdraget, oavsett om detta är klokt eller oklokt, är så pass starkt att det inte kan knäckas av någon som the Joker.

Eller? Stämmer detta verkligen. Kanske i någon mening, för Bruce dödade aldrig the Joker som den senare ville. Men samtidigt så har the Joker knäckt Bruce. Bruce hade en plan för att skapa ordning, i sitt liv och för Gotham. Men om the Joker lyckades med något så var det att omkullkasta den plan som Bruce ville göra till verklighet. Han skapade kaos, för Bruce och för Gotham. Och detta bereder väg för smärtan, som kommer att vara temat i den tredje och sista filmen.

Smärta och det sista hotet mot civilisationen

När den tredje filmen börjar så är Bruce en bruten man. Det var många år sedan han axlade manteln som Batman och ungefär lika länge sedan som han lämnade Wayne Manor. Rachel Dawes död har knäckt honom fullständigt. Efter att han besegrade the Joker så har det dessutom inte funnits någon "superskurk" som kunnat utmana honom. The Joker skapade ett ordentligt kaos med sin framfart, men i efterdyningarna av detta kunde en ordning resas där merparten av stadens organiserade brottslighet kunde sättas bakom lås och bom.

Det är i denna pyrrhusseger som Bruce vandrar runt, som en skugga av sitt forna jag. Men ordningen som etablerats ska snart komma att utmanas. Denna gång kommer utmaningen i form av den mystiske Bane. Bane är en tidigare medlem i TLS, men uteslöts då även denna organisation av ytterst radikala traditionalister tyckte att han var för extrem och uteslöt honom. Karaktären Bane är inte helt lätt att förstå sig på. Han är ett muskelpaket av rang, men uttrycker sig ytterst verbalt och verkar intelligent. Hans motiv är något oklara. För han verkar inte riktigt dela TLS traditionalistiska övertygelse om nödvändigheten av att förstöra Gotham.

Mest rimligt är att han gör det av lojalitet, till en kvinna. Bane har en relation till Talia Al Ghul, dotter till Ras. När Talias mor blev havande med henne, mot sin fars vilja, slängdes hon ner i ett fruktansvärt fängelse som är beläget under jorden och där den enda flyktmöjligheten är att klättra upp genom en lång brunnsliknande konstruktion. Bane föddes nere i fängelset; han växte upp utan att se någonting annat. Där blev han Talias beskyddare och det etablerade en livslång lojalitet mellan de två. Talia vill i sin tur avsluta sin fars historiska uppdrag. Det är emellertid oklart i vilken utsträckning någon av dem verkligen delar Ras övertygelse.

Bane fortsätter verka på samma tema som tidigare i filmerna: han är civilisationens fiende, som står utanför dess ordning och inte påverkas av den. När TLS sökte att förstöra Gotham i den första filmen så sökte de att mobilisera stadens lägsta element för sin sak. De identifierade stadens smärtpunkter och tryckte på den. Genom att appellera till girighet och maktbegär så fick de stadens kriminella överklass att gå deras ärenden, trots att den totala förstörelse de ville uppnå skulle komma att utsträcka sig även till denna. I den tredje filmen sker någonting liknande, men ännu mer raffinerat. Konceptet har utvecklats och det är bättre genomfört här än i den första filmen.

Snarare än att bara appellera till de organiserade kriminella så riktar Bane in sig på den verkliga överklassen, dvs affärsmännen. Det är ett tema som kommer att gå som en röd tråd genom hela filmen. Bane manipulerar dessa synbart intelligenta och cyniska personer genom att spela på deras girighet och oförmåga att förstå att det finns aktörer som inte har girighet som sin främsta drivkraft. Framför allt samarbetar Bane med en person som heter Daggett, vilken är en framstående affärsman och därtill Bruces främsta rival i företagarvärlden. Åtminstone identifierar sig Daggett som rival till den senare. Bruce har som bekant andra saker att tänka på än intriger i affärsvärlden.

Bane vet att Bruce är Batman och att det är denne som är det enda riktiga hotet mot hans planer att förstöra Gotham. Därför är det nödvändigt att han försvagar grunden som Bruce står på, så att denne försvagas och hamnar i en sämre position för att agera mot Bane. Ett sätt han gör detta på är genom att komma åt Bruce förmögenhet, som till stora delar är uppbunden i investeringar. I genomförandet så kommer Bane att attackera börshuset i Gotham; scenen när detta sker är ytterst betydelsefull och ger en inblick i hur Bane betraktar världen. Den är också ett uttryck för den kritiska underton som går genom filmerna: hur den materialistiska och vid ekonomiska intressen fixerade civilisationen inte kan hantera de krafter som går bortom detta snäva perspektiv.

Bane och hans underhuggare slår sig in i börshuset och tar de som arbetar där som gisslan. Polisen kopplas in och det blir ett stort pådrag. En ung börskille kollar förvånat på Bane och säger följande bevingade ord:

Vad gör du här? Här finns ingenting du kan stjäla.

På vilket Bane svarar:

Jaså, men vad gör då alla ni här?

Strax därefter kommer en scen där Bane bryter sitt samarbete med Daggett. Bane behöver inte honom längre. Scenen är minnesvärd eftersom den på ett roligt sätt visar hur två totalt olika världsåskådningar möter och kolliderar med varandra. Daggett är upprörd eftersom han inte är helt nöjd med Banes arbete. Med en befallande stämma kräver han att få veta var Bane befinner sig, men innan någon hinner undersöka saken dyker den senare upp oannonserad med orden "speak of the devil, and he shall appear". Daggett börjar skälla ut Bane och förebrår honom för att hans stöt mot börshuset inte gjorde så att han kunde ta kontroll över Waynes företag, vilket var hans plan.

Bane säger lugnt åt Daggetts assistent att lämna rummet. Daggett säger "I'm in charge here" varpå Bane lägger sin tunga hand på Daggetts axel och säger "Do you feel in charge?". Daggett inser allvaret och säger bedjande och förvånat att han betalat Bane en smärre förmögenhet, på vilket Bane replikerar med den kanske bästa repliken i någon av de tre filmerna "And this gives you power over me?". Bane har bara utnyttjat Daggetts girighet för sina egna syften, men när stunden infaller då Bane inte behöver honom längre så kommer Daggett att kastas åt sidan.

Det går att säga att Daggett borde tagit intryck från Florens vise man, Niccolo Machiavelli när denne skrev att ett lands styrka aldrig kan bygga enbart på rikedom, utan att den verkligt viktiga resursen är dugligheten och lojaliteten hos dess soldater. För det är inte säkert att pengar hittar bra soldater, men bra soldater kommer alltid att hitta pengar. Daggett möter sin överman i Bane, och det leder till hans undergång när den senare i en handvändning bryter nacken av honom. När man står mot man betyder rikedom ingenting; där och då är det betydligt viktigare vem som är starkast och mest kompetent i sin våldsanvändning.

I grunden handlar det om att två ideal står mot varandra: idealism kontra materialism. Bane är en fanatiker som drivs av ett högre ideal, även om man med all rätt kan döma ut idealet som destruktivt. Daggett däremot drivs inte av någonting högre än att han vill ta över Bruce företag och därmed öka sin egen rikedom. Precis som den organiserade brottsligheten i The Dark Knight – som trodde de hade köpt the Joker och chockades när han satte eld på deras förmögenhet – så kan inte en person som Daggett förstå att han inte kan köpa en person som Bane. Men det är problemet för de här människorna i trilogin: de befinner sig så djupt i den moderna ordningen att de inte ens kan föreställa sig att det finns personer som drivs av andra motiv än pengar och makt. Det gör dem ytterst sårbara när de börjar samarbeta med personer som the Joker och Bane, och först när det är försent inser att de gett sig i kast med personer som de aldrig förstod sig på.

Scenerna jag beskrivit ovan handlar om den övergripande civilisatoriska konflikten som utspelar sig i filmerna, men det finns också den personliga kamp vilken är Bruce eget kors att bära. Det handlar om hantera smärtan. Smärtan efter förlusten av föräldrarna. Smärtan av att ha förlorat Rachel Dawes. ...ärtan av alla år av krig mot kriminella. Men än mer akut: smärtan av konfrontationen med Bane. ...uce och Bane möts i en episk konfrontation, som slutar med att den senare knäcker ryggen på den ...are. Konfrontationen har föregåtts av att Bruce har blivit visad till Banes högkvarter av den ...stiska Selina Kyle, som lovat att hjälpa honom men som förråder Bruce för att få någonting viktigt ...n bara Bane kan ge henne. Kyle kommer emellertid att spela en annan roll senare i filmen.

...uce var redan knäckt mentalt efter många års motgångar, men nu är han också knäckt fysiskt. Det är ...n att filmskaparen vill operationalisera temat smärta på en mer materiell nivå genom att rent knäcka ...uce bokstavligt också. Med bruten rygg förs han sedan till det gamla fängelset där Bane föddes och ...de under sina första år. Hans förs dit för att dö. Men även om filmen innehåller många tragiska ...nensioner, så kan inte berättelsen sluta där. Vi ska inte glömma bort det nietzscheanska temat av ...lvöverkommande som genomsyrar filmen. Samt definitionen av hälsa inte som frånvaron av ...kdom och olycka, utan förmåga att överkomma dessa när de väl inträffar.

...kta men säkert bygger Bruce upp sig själv igen. Med hjälp av en läkare som också sitter fången ...:kas han dessutom lappa ihop sin rygg igen. Genom att hitta tillbaka till tron på sig själv så lyckas ...n dessutom rymma från fängelset. Just dessa scener är så muntra att de blir närmast klyschiga i ...mmanhanget. Men de fyller sin funktion. Bruce måste överkomma smärtan på två nivåer: mentalt ...h fysiskt. Framför allt måste han återvända till Gotham och avsluta kapitlet för både Bane och för ...n egen del.

...mtidigt har Bane staden i sitt grepp. Sättet han gjort det på är intressant och passar in i berättelsen. ...ane har placerat en atombomb någonstans i staden, med en fjärrutlösare som befinner sig på okänd ...ats hos en okänd person. Bomben kommer emellertid att detonera alldeles oavsett, eftersom den ...yts ner med tiden och Gothams öde är därför oundvikligt. Det intressanta med filmens avslutande ...l är att Bane använder sig av vad man kan kalla en "strategisk vänsterradikalism" för att bryta ner ...aden från insidan. Merparten av poliskåren har nämligen lurats in i en fälla, som Bane har gillrat, och ...an polisen står medborgarna handfallna.

...tressant är att filmskaparna anknyter till scener från de ryska- och franska revolutionerna när de ...:rättar om Banes välde i staden. Med poliskåren ur spel kan Bane och hans underhuggare släppa ut ...adens brottslingar ur fängelserna och när han dessutom uppmanar till total anarki så faller de sista ...sterna av ordning. Från ingenstans blir Bane en agitator som begagnar sig av klassisk ...asskampsretorik och han uppmanar stadens bottenskrap att ge sig ut på gatorna och "ta tillbaka" det ...m stulits från dem av Gothams över- och medelklasser. Vanliga medborgare får således se sin ...gendom konfiskerad av en rasande pöbel. Just denna del är med all säkerhet tagen från den ryska ...volutionen, där liknande scener utspelade sig.

...fter hand inrättas dessutom en folkdomstol – som tagen direkt ur franska revolutionen – med den ...otoriske Jonathan Crane som domare, vilken dömer ut mer eller mindre godtyckliga straff till ...edborgare som inte respekterar den revolutionära ordningen. Allt detta är intressant. För Bane har, ...ven om han aldrig visat någon respekt för affärsmän som Daggett, aldrig under filmens gång ...amstått som en övertygad vänsterman. Jag läser detta på följande sätt: Bane betraktar ...irighetsparadigmet och vänsterradikalismen som två sidor av samma mynt. Båda två är potentiella ...örstörare av den civilisatoriska ordningen och för civilisationens fiende är de ovärderliga vapen i ...ampen mot den.

...ane har tidigare utnyttjat köpmännens girighet och snäva tänkande för sina egna syften, och när hans ...lan går över i sin nästa fas så utnyttjar han radikala vänsterelement för att skapa ytterligare oordning ...nder civilisationens sista fas. Men allt detta är som sagt strategiskt. Bane tror inte på något av detta: ...arken rå och vinstdriven kapitalism eller kaotisk och våldsam vänsterradikalism. Däremot är de ...peldar som han kan styra i rätt riktning för att bränna ner det som han vill se i lågor.

Bruce återvänder, som den återuppstående hjälten, för att utmana Bane och Talia Al Ghul om dominansen i Gotham. Precis som man kan förvänta sig får Bruce revanschera sig mot Bane och denne samt Talia faller för Bruce och Selina Kyle. Bruce tar med sig bomben och flyger ut över hav där den detonerar och dödar honom, men staden förblir intakt. Eller? Bruce överlever så klart. Några minuter senare får vi se hur han sitter på en italiensk uteservering tillsammans med Kyle och äter middag i godan ro. Han har överkommit smärtan. Han behöver inte vara Batman längre, det är tillräckligt att bara vara Bruce.

Reflektioner

Redan från början i denna essä gjorde jag klart att jag kommer att driva två teser, som reflekterar två parallella handlingslinjer i dessa filmer. Det handlar dels om den inre, Bruce personliga kamp mot sina egna demoner: rädslan, kaoset och smärtan. Men också om den yttre civilisatoriska konflikten; d är dekadent Gotham utmanas av fiender som står utanför den civilisatoriska ordningen och agerar utifrån livsåskådningar vilka är främmande för den moderna ordningen. Detta ger Nolans briljanta trilogi en djupare mening; det gör den till bland den bästa kultur- och samhällskritiken som någonsin gått upp på vita duken.

Det är visserligen klart att Batman är hjälten och att TLS, the Joker och Bane är allt annat än sympatiska figurer. De har en aptit på förstörelse. Men samtidigt kan det inte råda några tvivel om att Gotham förtjänar att förstöras. Staden är rutten in till sin kärna. Det finns så många destruktiva drag i denna civilisation, den är så full med likmaskar som kravlar runt i dess ruttna kött och förtär det som finns kvar. Detta är någonting som dess fiender utnyttjar och därtill kan utnyttja med stor framgång. De använder staden mot sig själv. De drar upp dess lägsta tendenser till ytan och använder dessa för a förtära den.

TLS för stadens kriminella överklass att gå dess ärenden. The Joker blåser samma kriminella dumskallar ännu en gång. Bane går ett steg längre genom att utnyttja dess affärselit och när denna är förbrukad släppa loss horderna av kriminella som får skapa anarki medan Bane planerar för allas förstörelse. Civilisationens verkliga fiender finns inom den; dess yttre fiender vet bara vilka smärtpunkter som de ska trycka på för att få önskad effekt. Det är här som samhällskriken kommer in bilden. Det är här som filmerna vill säga någonting om det moderna samhället och dess destruktiva drag.

Civilisationens fiender positionerar sig mot den och utnyttjar framför allt en sak: materialismen och bristen på idealism. De utnyttjar att staden behärskas av intressemänniskan; den typ av personlighet som i första hand eftersträvar makt och ekonomisk vinning samt är oförmögen att förstå att det finns andra som inte delar deras snäva perspektiv. Detta utnyttjas av TLS, the Joker och Bane, och det gör dem framgångsrika i sitt förvärv. Även om deras motiv är dunkla så är det alltjämt idealister, de kan positionera sig utanför det moderna girighetsparadigmet. De kan inte hotas, köpas eller skrämmas och det gör dem en oerhörd stryka. Så i termer av samhällskritik vill jag läsa denna berätta som en mycket skarp kritik av vad som händer när intressemänniskan – som bara förstår makt och ekonomisk vinning – får tillåtas att dominera ett samhälle.

Det finns emellertid också den inre kampen, den som Bruce för mot sina personliga demoner. Detta är en nietzscheansk berättelse där kärnan är självöverkommande; syftet är att Bruce ska överkomma det som plågar honom: rädsla, kaos och smärta.

Printed in Great Britain
by Amazon

83575289R00041